林治

  中国国际茶文化研究会常务理事、世界中医药联合会药膳食疗研究专业委员会常务理事、西安六如茶文化研究院院长、先后被聘为浙江大学等六所大学客座教授,主编了中国高校茶文化教材《中国茶道》《中国茶艺学》,编著出版了《神州问茶》《古今茶情》《茶道养生的是与非》等24部茶文化专著,被中华茶人联谊会、中华合作时报《茶周刊》评为"中华茶文化传播优秀工作者",被中国国际茶文化研究会评为"中华杰出茶人",并两度荣获陕西省"茶文化终身成就奖"。

图书在版编目（CIP）数据

勐海茶　勐海味　勐海情 / 林治著 . — 西安：世界图书出版西安有限公司，2021.10

ISBN 978-7-5192-8936-2

Ⅰ.①勐… Ⅱ.①林… Ⅲ.①普洱茶—茶文化—勐海县 Ⅳ.① TS971.21

中国版本图书馆 CIP 数据核字（2021）第 204533 号

勐海茶　勐海味　勐海情
MENGHAICHA MENGHAIWEI MENGHAIQING

著　　者	林　治
责任编辑	李江彬
书籍设计	設+ 张洪海

出版发行	世界图书出版西安有限公司
地　　址	西安市锦业路都市之门 C 座
邮　　编	710065
电　　话	029-87233647（市场部）029-87234767（总编室）
网　　址	http://www.wpcxa.com
邮　　箱	xast@wpcxa.com
经　　销	新华书店
印　　刷	陕西龙山海天艺术印务有限公司
开　　本	787mm×1092mm　1/16
印　　张	21.25
字　　数	350 千字
版　　次	2021 年 10 月第 1 版
印　　次	2021 年 10 月第 1 次印刷
国际书号	ISBN 978-7-5192-8936-2
定　　价	88.00 元

版权所有　翻印必究
如有印装错误，请与出版社联系

勐海茶 勐海味 勐海情

林治 著

世界图书出版公司
西安·北京·上海·广州

勐海茶 勐海味 勐海情

走进勐海,您就到了诗意的远方。
喝勐海茶,品勐海味,
奏响味觉音乐和心灵音乐的交响曲,
陶醉于勐海情,
您就是最幸福的人!

序一

茶是勐海人民献给茶人的一份情意

辛丑年夏初，西安六如茶文化研究院院长、勐海茶文化传播使者林治先生邀我为他的新作《勐海茶 勐海味 勐海情》写序。林治先生是中国高等院校茶文化教材编委会主任，中国国际茶文化研究会常务理事，意大利米兰世博会中国大学生茶艺团团长，西安六如茶文化研究院院长，兼任多所大学的客座教授，编著出版了《中国茶艺》《中国茶道》《茶道养生》《茶艺英语》《亮剑普洱》《神州问茶》《武夷茶话》《古今茶情》等二十多部个人茶文化专著，《勐海茶 勐海味 勐海情》是他专门为普洱茶源产地勐海的倾心力作。林治老师数十年来对茶文化、茶美学潜心研究，成果颇丰，是茶文化的忠实传播者和践行者。在他面前，于茶的了解我只能算是个小学生，岂敢为序。我为林治老师从二十几年前深入勐海探访普洱茶的"密码"到近几年无数次深入勐海潜心研究勐海茶、勐海味的执着和深情所感动，特别是为在抗击新冠肺炎疫情期间，已70多岁高龄的林老师还不辞辛苦、无所畏惧地两次深入茶山、茶企和茶农家中，给特殊时期茶产业发展加油鼓劲的敬业精神所感动，只好忐忑从命。

茶是勐海人民献给茶人的一份情意，全世界的茶人对勐海都心之向往。我到勐海工作以前，喝茶只是我补充水分的一种方式。到了勐海之后，一是受浓浓的茶香和茶文化氛围的感染，加之工作需要，才开始认真喝起茶来。因此对勐海茶、勐海味有了一点感觉和感悟,觉得这么好的茶,要让更多的人了解她、热爱她、传播她,需要有相当专业水准和影响力的人来帮助我们。时运佑人,让我邂逅了林治老师,他欣然答应为勐海撰写本书,我想这就是茶缘和茶人的情怀,这就是勐海情。

如今,虽然我已离开了勐海,但作为新时代勐海茶产业发展的亲历者与见证者,勐海往事让我历历在目。勐海这座城市是从茶林里长出来的,相连成片的古茶园让人叹为观止,独特的"低纬度中海拔"地理气候孕育了香高味酽的"勐海味",而多民族与茶共生的自然画卷赋予了勐海独特的魅力。千余年的时光变迁,勐海造就了十多个世界之最。可以说今天的勐海无愧于"普洱茶的故乡"和"中国普洱茶第一县"之美誉。在勐海,茶是"老天爷"(即大自然)的馈赠、是老祖宗的遗产,也是老百姓的生活;是生态、生产、生活、生命的四生融合的生动写照;是传统与现代相结合、一二三产业融合发展的生动实践。历届勐海县委、县政府始终把茶产业发展放在第一位,始终把它作为群众致富的主导产业来抓,勐海茶产业、茶文化的发展历程就是边疆各民族人民为国守边、民族和睦,不断团结进步的真实记录。

承蒙林老师厚爱,我先予拜读本书。先生笔下的勐海带着浓浓茶香迎面扑来,高远而持久。我深深地感动于当下欣欣向荣的发展态势,勐海茶让勐海各民族群众有了脱贫致富的坚实后盾,更让这片热土一跃映入世界茶人的眼中,走进他们的心里。本书让您了解"勐海茶"整个产业及党委、政府、茶农、茶企、茶人、茶客凝聚一心共谋发展的感人力量;您会对此书所展现的勐海文化瑰宝和用茶历史有更全面深入的了解;您会跟随林老师一起去感受勐海那恒春之城的舒适与美丽,体验勐海名山名茶和民族茶文化那直击心田的冲击与震撼,进而品味勐海情的真挚、勐海茶的霸气、勐海味的魅力。本书最为重要的价值是把各茶人润化在舌间的感受与勐海茶的生境、品种、工艺、标准特色、滋味口感、传统饮茶习俗及人与茶、人与人、人与事业之间的联系与情谊完美的结合在一起,使勐海味独特而鲜明的特色深深烙印在茶人心中,并能从中感受到勐海人民对于茶的挚爱与敬仰、对制茶工艺与品质提升倾注的心血、对生态保护永不妥协的坚守、对茶人茶客的宽广胸怀,等等。这一切都是世界茶人追寻勐海、爱上勐海茶、恋上勐海味的根源所在。

勐海山好、水好、茶更好,好山、好水、好茶孕育了勤劳、好客、勇敢的勐海人民。这片土地上的茶山、茶园、茶企、茶人的发展变化史,在给人们带来健康生活方式的同时,也抒写了一部西南边陲人民脱贫攻坚的奋斗史。"茶叶兴,勐海兴""一叶兴,百业兴"。勐海茶已经成为勐海人民脱贫致富、乡村振兴的重要支撑,成为实现内外联通的重要载体,也是打通勐海文旅、康养、科技、贸易等综合发展的一张超级名片。今年是建党100周年,中国共产党苦难辉煌100年的历史必将也必定坚定勐海各族人民主动服务和融入国家战略、积极推动普洱茶现代产业示范县建设的决心和信心,紧跟时代步伐,紧紧围绕云南省打造"绿色食品"品牌和一县一业示范创建目标,统筹茶文化、茶产业、茶科技、茶旅游、茶生活,让勐海茶在乡村振兴的进程中再创辉煌!

这是一本学术价值、史料价值和文学价值都很高,可读性又很强的著作,在众多茶书中别具一格,相信每位读者都能找到兴趣点和共鸣点。另外，本书也是一部全面系统梳理介绍勐海茶、勐海味的学术著作，书中有许多原创性的观点和思路，如对勐海茶、勐海味的概括、对中国茶道的新认识、对茶艺功能的重新定义和分类，对勐海茶产业可持续发展的建议等，都是林老师长期研究的结晶，独到且深刻。特别是从勐海茶、勐海味再写到勐海情，更是绝妙至极。因为只有热爱这片土地、这棵茶树、这片叶子，古老的茶园才得以世代保存下来；只有热爱生命、热爱生活，才能成就如此丰富多彩的民族茶文化；只有热爱这个产业、这项事业，茶产业才能得以延续并发展壮大、传统工艺技艺才能保留下来；只有热爱开放、热爱创新，才能坚守传承、拥抱现代，才有千年产业、百年老店和新创企业百花齐放、百家争鸣的景象。正是在惜人爱茶、爱茶惜人的理念牵引下，无数茶农、茶人、茶企、茶客、茶者才源源不断地来到勐海，孜孜不倦地探索创新，才有了今天的勐海茶勐海味，情系茶海、情洒勐海、情深似海。

　　勐海是茶与茶文化的海洋，是创新创意创业的乐土，是健康生活的目的地。勐海茶、勐海味的魅力在山、在水、在人、在拼配。产业发展的方向在于生态保护、基地建设、龙头培育、品牌打造、平台构建、文化传播和人才培养。愿更多的茶友和书友通过林治老师的这本专著了解勐海、走进勐海，爱上勐海茶，恋上勐海味，成就勐海情！

洪 国 正

2021 年 8 月 12 日

序二

茶人终恋勐海味

像《勐海茶 勐海味 勐海情》这样的书，本来是不需要有序言的，因为它就像醇厚甘芙的一杯茶、翻开来就清香四溢。我也不会无知和狂妄到要给普洱茶这天造之物写序，仅是借本书的出版之机，再次表达我对林治先生这本潜心之作的喜爱。

我说这本书是林治先生的潜心之作，是因为它的成书时间跨度之长，令我倍感吃惊：为了实现年少时的一个梦，一个人怎样坚持了大半生？他从初中时就渴望到茶的故乡来，"做西双版纳茶山中没有忧、没有愁的寻梦人"。可直到40多年后的2001年，才有机会奔赴与茶仙子的约定之旅，品味他"梦寐以求的灵魂之饮"。在与勐海茶结缘20多年后，他提笔给这位老朋友写下"传记"——一本勐海茶的"百科全书"，为着这份坚持和执着，我们翻开这样一本书，怎会不被它吸引和感动？

跟随作者的文字和追寻普洱茶的步履，我们翻开书页，沿着时光之河逆回巡航。那是一千多年前的澜沧江畔，一片蓊郁叠翠、莽莽苍苍的热带雨林映入眼帘，古老的茶树就藏在这高山之中、云雾之间。时至今日，她的子子孙孙已经覆盖了勐海的群山万壑。每当春日临近，万千茶树都会准时醒来、在氤氲缭绕的云雾中吐露新芽，等待与其相知、相惜的人。终于，它们等来了远方的故人。在书中，我们随林治先生在深山里品味勐海古茶树、畅游古茶园,寻访了年逾1700年的巴达野生大茶树,800余载的南糯山栽培型大茶树和贺开栽培型古茶群落等茶林茶树,字里行间皆是他对生活的细腻感悟和童心未泯的赤诚,他对自己所到之处都留下了深深情愫。我们跟随作者翻开了一段被历史尘封的普洱茶文化发展史,得知了在人与茶相识相知、双向驯化的过程中,人们选择了这枚小小的"东方神奇树叶"作为饮料,开启了世人种茶、制茶、品茶的历史,同时也催放了中国茶里的一株奇珍——普洱茶。

勐海是普洱茶的故乡,是国际茶界公认的世界茶树原产地中心地带和驰名中外的普洱茶发祥地之一。昔有茶马驿道叩启世界贸易通道,今有茶界先驱开创普洱茶工业先河。一片小小的叶子在勐海孕育出一个了不起的大产业,涌现出了大益、雨林古茶坊、陈升、七彩云南、今大福、八角亭等众多中国普洱茶著名品牌,成就了全国唯一普洱茶产业知名品牌创建示范区、中国特色农产品(勐海普洱茶)优势区。因为有了普洱茶,寄情勐海的人们精神生活变得丰富多彩;因为有了普洱茶,勐海与外部世界的联系又多了一张靓丽名片。我一直坚信,每个爱茶人一定都会到勐海走一趟。作者反复探寻,不止一次来到勐海、遍访每座知名茶山,这与"敢闯、敢试、敢为人先"的勐海勇敢者精神不谋而合,他用探索、创新和与时俱进带给大家精神指引。作为"勐海茶·勐海味"文化传播大使,他不仅自己喝普洱茶,还不遗余力地向茶人、茶友推荐普洱茶,这对振兴普洱茶产业、弘扬普洱茶文化很有意义,能够推动更多的人知茶、爱茶、饮茶。因为对勐海的爱,林治先生才会真正用心在听,在看,在生活,所到之处,触景生情,把景物与心情的微妙变化都细致地描绘出来:曾在茶园里探察过的露珠仍在闪光，某个夜晚飘来的歌声还在回荡，曾经醉过的酒还在继续芬芳，一杯杯品过的茶仍然唇齿生香、回味甘甜……这本书诚然也非常适合于爱茶人阅读，但同时也值得每个勐海人思考。关于勐海茶旅产业的融合发展，他殷切希望，勐海能够成为"中国普洱茶科技文化第一强县""热带雨林古茶山特色游先行区"和"培养爱茶人的摇篮"，高质量打造"茶文化胜地"。关于古茶园原生环境的保护，他采撷古人智慧和他山之石，希望勐海人管好、用好老祖宗留下的遗产、"像爱护眼睛一样爱护茶树"，让"每片林子都是乔木大叶种茶树的天堂""每株茶树都是一座小小的热带植物园"。关于普洱茶的工业化发展，他深入企业访谈和交流，总结出"打造世界级的中国茶业品牌""用古人的情怀做现代化的事情""为天下人做喝得起的好茶"和"让茶农、员工和经销商一起富起来"等实践经验，全力推动勐海建设普洱茶现代产业示范县、康养旅居示范县、乡村振兴示范县。可是，这样美妙的句子和忠实的建议在书中就如生长茂盛的春茶、摘不胜摘，而要使它们真正属于你，你就必须亲自去"品饮"。

让我们且把这本书当作一杯茶，把喝茶当作"一种生活、一种享受、一种修行"。我相信，只要你把它翻开来，读下去，它一定能让你开阔眼界、增加内涵、提升气质，让你的灵魂充满普洱茶的香气，在书中遇见更好的自己！我还想，应该让这本书走进校园、走进茶店，让勐海的每个孩子和来到茶乡的游人们都读到。这样，一定会有越来越多的爱茶人爱上勐海。

张世影

2021 年 9 月 5 日

目录

导言

上篇 勐海茶

第一节	勐海普洱茶概述	
	——"老天爷"的恩赐 老祖宗的遗产 老百姓的生活	**26**
第二节	勐宋古茶山	
	——西双版纳屋脊上的茶情	**41**
第三节	南糯山古茶园	
	——烟雨迷蒙的童话世界	**50**
第四节	巴达古茶山	
	——有仙人脚印的地方	**66**
第五节	贺开古茶园	
	——古茶山上的"皇家公园"	**76**
第六节	帕沙古茶园	
	——幸福吉祥的乐园	**87**
第七节	布朗山乡古茶园	
	——普洱茶王"老班章"	**93**
第八节	勐巴拉	
	——万邦来朝的茶文化圣地	**103**
第九节	打洛镇与勐景来	
	——中缅第一寨,桃花源里飘茶香	**113**
第十节	其他乡镇的茶园	
	——八仙过海,各显神通	**120**

中篇　勐海味

第一节	勐海味的物质基础	136
第二节	决定茶叶品质的八大因素	145
第三节	勐海茶的感官审评	
	——掀起你的盖头来，让我看看你的脸	158
第四节	勐海茶的艺术鉴赏	
	——读你千遍也不厌倦，读你的感觉像诗篇	163
第五节	见仁见智"勐海味"	176
第六节	我心中的勐海味	185
第七节	用现代茶艺学彰显勐海茶	200
第八节	用现代茶艺学助力勐海味	210
第九节	了解百茶味　才知勐海味	224
第十节	如何充分展示勐海味	232

下篇　勐海情

第一节	陈升茶厂	
	——陈升号，大树茶的味道	271
第二节	勐海茶厂	
	——现代普洱茶产业的先驱	288
第三节	勐海各民族茶情	
	——对茶发自内心的爱	310

导言

● 作者拥抱巴达茶树王

云南对于我来说始终有一种独特的魔力，一听到"云南"两个字，心中便会升起莫名的冲动。记得在读初中时，因为出生在高级知识分子家庭，我被定性为"家庭成分不好"，在学校抬不起头。那时（1959—1963）正处在"三分天灾，七分人祸"大饥荒时期，老百姓连野菜、米糠、树叶、杂粮都吃不饱，我也整天饥肠辘辘，硬是饿成了"三等残废"。当时读了艾芜先生的《南行记》，看到流浪女"野猫子"在澜沧江边烧水煮茶，怡然自得地坐在火塘边，边喝茶边唱：江水啊，慢慢流。流啊流，流到东边大海头。那儿呀，没有忧！那儿呀，没有愁！我像中了邪一样，差一点离家出走，去做澜沧江边的流浪者，去做西双版纳茶山中那没有忧、没有愁的寻梦人。

这个梦想直到 2001 年才得以实现。不过，我不是去神话的故乡寻找爱情的神话，也不是去爱情的故乡寻找神话的爱情，而是去茶的故乡，去践行与茶仙子在"三生石"畔的约定，去普洱茶的原产地，品味我梦寐以求的灵魂之饮。

2001 年 5 月 14 日我从西安飞抵昆明，16 日傍晚与大理苍山感通旅游索道有限公司董事长吉小冬、学生刘䓖和她的母亲董碧莲女士会合，从昆明飞抵景洪后，乘上等候在嘎洒机场的汽车直奔勐海县。

在勐海，我们有幸结识了时任勐海县茶叶办公室主任曾云荣先生。他是澜沧县人，是一位乐观豪爽的拉祜族汉子。16 岁时，他离开老家到大理农校茶叶班读书，结果掉进了茶文化美丽温柔的"陷阱"，心甘情愿地沉溺一生。拉祜族素有"打虎民族"之誉，在曾云荣身上，我总能感受到有一股"打虎壮士"的豪

● 作者听"老茶树"曾云荣（右）讲《湄公河之恋》

气。当然，他的这种豪气没有机会用在打虎上，而是用在了种茶上。曾云荣在20世纪末的云南省茶叶界是个传奇人物。1969年，他受我国政府派遣，前往非洲援助马里共和国种茶，在干旱炎热的环境下，他指导当地茶农育活了500多万株茶苗，被当地人称为"干玛那迪"（知心朋友）。圆满完成任务后，他又应缅甸政府邀请，1992年再度被中国政府派遣到"金三角"边缘地区，实施以种茶替代种罂粟的绿色禁毒工程。曾云荣任专家组组长，在"金三角"地区一干就是五年，又取得了巨大成功，受到时任联合国秘书长安南及联合国禁毒署的表彰。有一部反映中缅联合种茶禁毒的电视连续剧《湄公河之恋》，就是以曾云荣的事迹为原型创作的。

曾云荣在勐海县茶业界是大名鼎鼎的"沙腊奄"（茶业大师傅）。几十年来，他参与指导发展丰产茶园 3.2 万亩，指导改造低产茶园上万亩。新闻媒体曾把曾云荣称为"为普洱茶山添光彩的人"。曾云荣不是作家，却用自己的非凡业绩为世人留下了《写在茶山的故事》；他不是歌手，却怀着对茶的一往深情，唱出了感人肺腑的《绿海情歌》。我习惯按照勐海茶界的叫法把曾云荣称为"老茶树"。我佩服"老茶树"，他为奠定勐海茶产业的发展基础做出了巨大的贡献——1987 年被评为"有突出贡献的专业技术人员"受到云南省政府的表彰，1992 年荣获"专业人才突出贡献奖"，1994 年被评为省劳动模范，再一次受到省政府的表彰，1995 年被评为全国先进工作者，受到国务院的表彰……

在勐海问茶，找到了曾云荣就是找到了最好的向导。2001 年 5 月 16 日晚，我们到达勐海后就向曾云荣提出第二天要去大黑山热带雨林拜茶树王。5 月的西双版纳已进入雨季，16 号那天，勐海县大雨滂沱。曾云荣先生听说我们男女老少一行四人刚从昆明飞来，不顾天降大雨第二天就要深入原始森林去拜茶树王，他非常感动，于是组织了几位民兵，并表示第二天就算"下刀子"也要护送我们上大黑山。

17 号早上 8 点，吃过早饭，"老茶树"就带着我们出发了。同行的还有几位民兵，其中一位是西双版纳著名的猎人罗海青，人们称他为"老豹子"。"老豹子"打猎有祖传绝招，无论是天上飞的，地上跑的，水里游的，他都有办法手到擒来。行走间"老茶树"开玩笑地说：你们放心，跟着老豹子进山，只要左手抓一把盐巴，右手抓一把辣椒就够了。在老豹子眼里，会动的都是肉,绿的都是菜,山珍野味管保你们吃个够。当然,这是玩笑话。我们都有保护野生动物的意识,所以进山时,大家都带上了充足的食材。

举世闻名的巴达茶树王,生长于巴达多贺松村后大黑山热带原始森林里,距县城64公里,距中缅边界30公里,海拔约1900米,汽车只能开到山下的一个僾尼族寨子附近,我们必须徒步登山。说来也巧,也许是我们的真诚感动了上苍,那一天汽车开到山下时居然天色放晴,雨后的晴空如蓝宝石般璀璨绚丽。进入了雨季,大黑山更是一片葱茏苍翠。走过茶王水库后我们便一头扎进热带雨林。无数的参天大树,树冠浓密,遮天蔽日,使得原始森林充满了神秘感。透过阔叶树高大的树冠,间或有一缕缕阳光流泻进雨林,被雨水洗过的绿叶在阳光的照射下如玻璃种翡翠般晶莹璀璨,森林中藤本植物和蕨类植物在阳光的爱抚下茂盛地生长。偶尔有阳光照在挂满水珠的蜘蛛网上,每颗小水珠都折射出七彩光芒,闪闪烁烁,把整个原始森林装扮得像一个童话世界。在这里,我聆听到了生命的萌发,感受到了生命的原始律动。好像每一片绿叶的背后,都蛰伏着一个小精灵;好像每一棵植物,都有一段童话故事。

热带森林是神秘而美丽的,但是"老茶树"不断地提醒我们千万要小心:在这迷人景色的背后,处处都可能有"陷阱"。越往雨林深处走,我们越能领会到深入原始森林不但要有勇气,更要有经验。且不说有可能遇上毒蛇、蝎子等毒虫,单单是小小的飞蚂蟥就令我们十分头痛。这些热带雨林中的"吸血鬼"不知躲在哪里,更料不到它们何时飞过来,一旦叮在人的身上,它们就会分泌出一种麻醉剂使被叮咬处的皮肤失去知觉，人就在不知不觉间被它们叮得鲜血淋漓。我就被这种可恶的家伙光顾过3次，幸好大家都按照"老茶树"的提醒，互相观察，互相关照，一旦发现有人被叮，就向飞蚂蟥身上撒一点事先准备好的食盐，这样它便会缩成一团，自动脱落。

一路上，"老豹子"和"老茶树"带着我们披荆斩棘，钻竹丛、涉小溪，走过茶王水库后，又走了大约4公里，便见到了举世闻名的茶树王。茶树王经历了千年风雨雷电和烈日寒霜之后，仍然顽强地昂首向天，遒劲挺拔，但因为热带雨林中过于潮湿，茶树王底部的叶片受到稍许白藻侵害。

一见到茶树王，刘菂首先激动地呼喊着："茶树爷，您好！"她急不可耐地冲上去，想用双臂抱住茶树王，但是抱不拢，我也上去抱，两人合抱还是抱不拢。

"老茶树"告诉我们，这株茶树王是1961年被云南茶学专家张顺高和云南省茶科所干部刘献荣发现的。经过测定，当时树高为32.12米，主干直径103厘米，距地面1米左右开始分枝，分为4枝并生枝，各枝直径25～40厘米，树冠垂直投影的直径约8米，据有关专家推算该树树龄在1700年以上。发现了这株茶树王之后，张顺高先生撰写了《云南（巴达）野生大茶树的发现及其意义》，发表于《茶叶通讯》1963年第一期，这篇文章用活生生的事实论证了中国云南是世界茶树的原产地，这在海内外茶学界引起了较大的反响。此后，前来这里考察的专家学者和爱茶人士络绎不绝。

"老茶树"指着茶树王对我们讲解道：从这株茶树的树形看，

它肯定是野生的。因为它树干高大直立,分枝少,且分枝部位比较高。这种树形只有在原始森林这种生态环境中才能形成。说着说着,他还采下茶树王的叶片给我看:叶片呈椭圆形,长约14.7厘米,宽约6.4厘米,属于大叶种茶树。

吉小冬先生是大理苍山感通旅游索道有限公司的董事长,也许是因为经常主持工程建设,他目测高度非常准确。他左右打量了一会儿之后,觉得茶树王的实际高度与1961年测量的高度相差很大。"老茶树"解释说:那是因为1967年时大风吹折了主干,目前的残余高度只有14.7米。

考察了茶树王之后,"老茶树"选择了一片芳草萋萋的平坦之地准备"打尖"(野炊),草坪上点缀着几种不知名的野花,旁边清溪潺潺。"老茶树"安排"老豹子"等人在溪边准备午餐,自己则带着我们沿小溪继续溯流上行,深入到森林腹地去考察其他的野生茶树群落。我们在一个小瀑布附近发现了大量的野生

古茶树，这些茶树杂乱无章地生长在河谷里、山坡上，甚至在极难攀登的危崖上也能见到古茶树的身影。看了这里茶树群落分布的情况，我们更加相信巴达茶树王是野生茶树的说法。

大约2个小时后，当我们返回小草坪时，很远就闻到了烤肉的香气。"老豹子"不愧为野餐专家，他用青竹和杂树棍支成了一张大餐桌，用绿油油的野芭蕉叶铺在桌面上当桌布。上面

垂涎欲滴——向"老豹子"(右)学烤肉

摆满了热香四溢的烧烤和野菜。他用一种傣语称为"埋毫拉"(意为"煮饭竹")的香竹,为我们烧了一大堆竹筒糯米饭。竹筒的一头塞着野芭蕉叶,"煮饭竹"那特有的清香和烤熟的糯米饭的香气混合在一起,从塞得并不十分紧的野芭蕉叶中直往外冒,馋得我们垂涎三尺。

"老豹子"留了一些腌制好的肉让我们自己烤,还采来了许多野生古茶树的嫩叶,教我们学着做傣族烧茶。我们把鲜茶叶放在炭火上烤到焦黄后,马上投入用青竹筒烧开的溪水中,让它再滚一沸,就烹出了清香爽口,甘鲜无比的傣族竹筒烧茶。

烤肉的浓香,竹筒糯米饭的甜香,烧茶的清香,还有用傣族风味独特的"南泌麻批"(辣酱)和"南泌巴"(鱼酱)调拌的各种野菜的奇香,令我胃口大开。茶人的性格本来就自然率真,不饰造作,更何况是在原始大森林中野餐呢。大家一起用竹筒烧茶敬过"茶树王"之后,便无拘无束、毫不客气地狼吞虎咽,就连平时文气十足的刘莂姑娘也和我们这些"绿林好汉"一起大快朵颐。

我发誓,这是我有生以来吃过最美味的野餐。至今我还忘不了"老豹子"烤的那焦黄滴油、香辣鲜嫩的烤肉；忘不了柔糯细腻、香甜可口的香竹糯米饭；忘不了沁人心脾、清香扑鼻的傣族竹筒烧茶；当然更忘不了巴达大黑山上那株经历了 1700 多年风雨雷电的洗礼却仍然傲立苍穹的茶树王。从此，我与勐海结下了深厚的茶缘，每次到勐海来都会激动地写下几首小诗。2019 年 9 月 26 日，我应邀到勐海参加第十一届勐海（国际）茶王节，并被聘为"勐海茶·勐海味宣传大使"。当时我写下了《飞向勐海，飞向云南》一诗：

飞向勐海，

飞向云南！

飞向茶的故乡，

飞向云的花房。

飞向爱情故事的摇篮，

飞向旅游康养的天堂！

飞到勐海，

飞到云南！

不为了来参加

布朗族的情歌弹唱；

不为了来寻访，

唱着《小河淌水》的姑娘；

不为了来看

生死相依的连理树；

不为了来把

导言

> 傣族小阿妹的烤鱼细细品尝。
> 飞到勐海啊,
> 飞到云南!
> 飞来探访中国普洱茶第一县,
> 飞到勐海拜茶王。
> 飞来品悟勐海茶的勐海味,
> 飞来牵手勐海茶的芬芳,
> 向她倾述衷肠。
> 啊!明月清风,
> 可愿意做我们的伴娘?

以上是我第一次到勐海拜茶王时的感受,权且作为本书的引子。希望朋友们看了之后也能亲身到勐海来品饮勐海茶,体验勐海味,陶醉勐海情!

南糯山云海

上篇 勐海茶

第一节 勐海普洱茶概述
——"老天爷"的恩赐 老祖宗的遗产 老百姓的生活

勐海,傣语意为"英雄居住的地方"。当代茶人神往勐海,更多的是因为勐海县是中国普洱茶第一县。"雾锁千树茶,云开万壑葱。香飘十里外,味酽一杯中"这是古人对普洱茶的赞美。当代有人把普洱茶总结为"六奇名茶":一是产地生态奇,二是茶树品种奇,三是茶叶品质奇,四是商品形态奇,五是品饮方法奇,六是养身功效奇。这样的总结很有学术味。我在勐

🍃 听时任县委书记洪国正(中)讲茶

海县采访时，时任县委书记洪国正同志告诉我，勐海县的普洱茶可概括为三句话："老天爷"的恩赐，老祖宗的遗产，老百姓的生活。我觉得这个概括更朴实，更接地气。那么，这一节就从这三个方面展开来讲。

一、"老天爷"的恩赐

"老天爷"的恩赐，包括得天独厚的自然生态环境和出类拔萃的优良茶树品种资源两个方面。

（一）得天独厚的自然生态环境

勐海，位于云南省南部，隶属于西双版纳傣族自治州，地处横断山脉南段，澜沧江西岸。境内地势西北高，东南低，四周高峻，中部平缓。境内有三大山系，326条山脉，最高点勐宋乡的滑竹梁子，海拔2429.5米，最低点南桔河与南览河交汇处，海拔535米，相对高差1894.5米，形成了山区"一山分四季，十里不同天"的多元性小气候。勐海县具有三种气候类型：海拔750米以下的地区属于北热带气候；750～1500米的中海拔地区属于南亚热带高原季风气候；海拔1500米以上的山区属于中亚热带气候。勐海的年均降雨量受季风影响，一年之中旱季和雨季分得很明显，平坝区年均降雨量为1200～1400毫米，半山区为1500～1600毫米，山区为1600～2400毫米。

每年5月至10月为雨季，降雨量约为全年降雨量的86%，11月至次年4月为旱季，降雨量仅为全年的14%。勐海的年平均气温为18.5℃，年平均相对湿度为82%，年平均有霜期22天，年平均雾日107~160天。勐海县的气候特点为冬无严寒，夏无酷暑，四季如春，露重雾多，热量充足，雨量充沛，年温差小，日温差大。这种气候条件十分适宜茶树生长，极易生产出顶级好茶。茶学界专家公认勐海县是世界茶树发祥地的中心地带，也是中国茶区中生态系统较为完善，气候条件较宜种茶的区域之一。

勐海县的土壤土层深厚，土质疏松，结构良好，有机质含量高，土壤肥沃，pH值为4.5~5.5，全县森林覆盖率66.5%，

● 人工栽培型古茶园

● 生态茶园

有的茶区甚至高达80%以上,素有"动植物王国""药才宝库""香料博物园""菌类大世界""天然大花园""生物基因库"等美誉。该地区已发现的植物达1865种,其中国家重点保护的野生植物20种;野生动物共有361种,其中国家重点保护的野生动物28种。生物的多样性为茶树创造了植被类型多样性、共生、伴生植物种类丰富,万物和谐生长的生态环境,使得这里成了乔木大叶种茶树的天堂。

"老天爷"恩赐的锦绣山河、动植物资源、得天独厚的自然生态环境和热带雨林气候条件,不仅仅适合发展茶产业,还非常适合发展文化旅游康养业。勐海县发展茶产业并不是孤立地就茶论茶，而是根据中共中央、国务院"把发展文旅康养小镇上升至国家战略"的精神，制订茶与文化旅游康养业相结合的发展规划。国家的《健康中国2030规划纲要》指出：到2030年，这个市场的规模将达到16万亿。擅于把握新时代发展机遇的勐海县领导在制订勐海县发展规划时，富有远见地把茶业优势与勐海县的宗教文化、长寿文化、民俗文化、美食文化、温泉资源、热带雨林资源、动植物资源、边寨旅游资源，以及其他宝贵资源巧妙地融合为一个系统工程。这个工程正在稳步实施，健康发展，已成为勐海县域经济的支柱产业。

（二）出类拔萃的优良茶树品种资源

"老天爷"对勐海的厚赐不仅有得天独厚的生态环境，良好的气候条件，还包括多样性的茶树品种资源。据专家考证，勐海是世界茶树的原产地中心之一，全县茶园主要分布在北纬21°28′~22°28′，这是茶树生长的黄金纬度；茶园主要分布在海拔1000~2100米的丘陵和山区地带，这里是极易出产优质茶的黄金海拔地带。勐海茶具有"低纬度、高海拔"的生态特征，主要有普洱茶种（C.assamica）、白毛茶茶种（C.sinensis）、勐腊茶种（C.manglaensis）、多萼茶种（C.multisepala）、大理茶种（C.taliensis）、滇缅茶种（C.irrawadiensis）及苦茶（C.assamica var.Kucha）七个种或变种，同时也有一些灌木型中小叶种茶树品种。其中野生型古茶树主要属于大理茶种，主要分

🍃 洪国正书记（右三）亲自为勐海茶做直播

布在西定哈尼族乡、勐宋乡、格朗和哈尼族乡、打洛镇等地，分布面积约 12000 亩。人工栽培型古茶树以普洱茶种居多，全县 11 个乡镇均有分布，古茶园主要分布在海拔 1300～2060 米自然生态环境良好的山区、半山区。著名的栽培型古茶园有班章古茶园、贺开古茶园、南糯山古茶园、曼夕古茶园、南楞古茶园、贺松古茶园、保塘古茶园、关双古茶园、城子古茶园、曼糯古茶园等。据 2018 年 1 月出版的《勐海县茶志》记载，勐海县栽培型古茶园的面积为 46216 亩。这些优越的气候条件和优良的茶树品种，都是"老天爷"的恩赐。

二、老祖宗的遗产

勐海茶叶生产历史悠久，经考证，最早的文字记载见于唐朝咸通五年（864）樊绰撰写的《蛮书》中云：茶出银生城界诸山，散收无采造法。文中的"银生城界"包括今西双版纳自治州。勐海普洱茶的生产发展大体可分为以下五个阶段：

第一阶段是唐宋时期的原始生产阶段，这个时期是勐海茶生产的滥觞期，当时生产的茶还不能被称为普洱茶，如果一定要归类，只能勉强将其归于原始"白茶"类。

第二阶段是得名期，这个时期大约从1279~1644年。随着中原文化不断传入云南，促进了云南茶叶生产的发展，据明代万历年间谢肇淛著的《滇略》记载：士庶所用皆普茶也，蒸而团之。可见这时普洱茶的压制方法已具雏形，普洱茶也因在普日部（即后来的普洱县）集散而得名。

第三阶段是繁盛期，主要在明清时期。这个阶段普洱茶产业发展虽经几起几落，但总体上看起来是兴盛的，主要有两个重要标志。

其一，民间的茶叶生产和贸易都高度繁荣，史料曾记载清顺治十八年（1661）仅从普洱运销西藏的茶叶就达3万驮之多。普茶，名重于天下，此滇之所以为产而资利赖者也。入山做茶者数十万人。当时普洱茶产销盛况由此可见一斑。

▲ 故宫金瓜普洱贡茶

其二,"瑞贡天朝"从《贡茶案册》知,每年进贡之茶,例于布政司库铜息项下,动之银一千两,由思茅厅领去转发采办……[1]因为普洱茶品质优异,风味独特,并且最能解牛羊肉之膻,所以深受清宫权贵的喜爱,清朝末代皇帝爱新觉罗·溥仪也酷爱夏喝龙井,冬饮普洱。

第四阶段是其被归属于黑茶阶段。在这一时期,大多数专家把普洱茶(熟茶)当作黑茶中的一个品类。在全国名茶评比中,普洱茶很少引人注目,即使是在云南本省的名优茶评比中,普洱茶获奖的品目也很少。据《中国名茶志》记载,云南省在20世纪80年代和1990年代评出的省级以上的名茶有5类共58个品目,其中红茶类5个品目,占8.6%;绿茶类42个品目,占72.4%;花茶类1个品目,占1.7%;紧压茶类7个品目,占12.1%;普洱茶类3个品目,仅占云南省名优茶的5.2%。可见,在这个时期普洱茶并没有受到足够的重视。

第五阶段是现代普洱茶阶段。这一阶段始于经云南省人民政府同意,由中国国际茶文化研究会、云南省西双版纳傣族自治州人民政府、云南省茶业协会共同主办的"2002中国普洱茶国际学术研讨会"的召开,这是现代普洱

---

[1] 清·陈度纂《普洱府志》卷十九·食货志六,陈宗海修,光绪二十六年(1900).

茶发展的里程碑。在这个阶段中，普洱茶产业的发展虽然几起几落，但在云南本土茶人和全国各地茶人（包括港澳台地区）的共同推动下，普洱茶的市场空前兴旺，为普洱茶谱写出了跌宕起伏的迷人乐章。

通过一千多年的发展，勐海县的老祖宗给勐海茶产业留下了三大遗产。

其一，留下了古茶园和茶树优良品种。世界上面积最大的百年以上的古茶树群落分布在勐海县海拔1300～2060米的山区和半山区。云南省茶科所2004年进行古茶树资源普查时发现，勐海县尚存百年以上树龄的古茶园46216亩，占整个西双版纳州古茶园面积的一半以上，主要分布在勐海县境内格朗和乡、布朗山乡、勐混镇、勐宋乡、西定乡、勐遮镇、勐海镇。其中树龄百年以上、面积最大、集中连片、保护完整的古茶园

云南新良种紫鹃茶园

在勐混镇贺开地区，总面积达16126亩，拥有百年以上古茶树2622453棵。

勐海的茶树品种较多，最主要的有野生型和栽培型两种。野生苦茶变种主要分布在布朗山乡。栽培型古茶树主要是普洱茶种古茶树，在全县各乡镇均有分布。勐海大叶茶是云南大叶茶群体种之一，在分类上属于普洱茶种，1985年被认定为第一批国家级有性系优良品种，是我国优良的茶树品种之一。当时专家组鉴定（摘录）：有性系，乔木型，树姿开张，叶质较厚软，茸毛多，持嫩性强，产量高。春茶一芽二叶干样含氨基酸2.3%、茶多酚32.8%、儿茶素总量18.2%、咖啡碱4.1%。制红茶，香气高锐持久，滋味浓厚鲜醇。亦适制滇绿茶和普洱茶。勐海大叶种发芽期长，在一年中长达10个月左右，每年从2月中旬即可开采至11月上旬，该品种还具有内含物质丰富，保健功效明显的特点，其水浸出物含量高达48.75%。云南省农业科学院茶叶研究所的研究报告表明：以勐海大叶茶制成的普洱茶，具有滋味醇厚，陈香独特的品质特征，并在较长时间内具有越陈越香，后韵悠远的特点，且具有降血脂，预防心脑血管疾病，调节免疫功能，延缓衰老，抗辐射，抗肿瘤，抗病毒等方面的保健价值。[1]

云南省农业科学院茶叶研究所依据勐海县丰富的茶树品种资源，采用系统选育、杂交育种等方法，选育出了云抗10号，云抗14号，长叶白毫，佛香1号，云茶1号，紫鹃等30多个

---

[1] 云南省农业科学院茶叶研究所《勐海普洱茶文化》，昆明：云南科技出版社2019年版，第93页.

国家级、省级茶树无性系良种,对全国的茶叶生产发展做出了重大贡献。另外,省茶科所还在勐海建立了占地约70亩的"国家种质大叶茶树资源圃",收集种植了茶组植物28种、3个变种和7个非茶组植物的资源共2560份,是我国大叶茶树种种质资源活体的保存中心,有很高的科研和茶学教学价值。

其二,茶园开垦管护经验和茶叶加工工艺。在长期的茶叶生产实践中,勤劳智慧的勐海茶界前辈在茶叶育种、茶树栽培、茶园管理、老茶园更新、中低产茶园改造、生态茶园建设及茶叶的初加工、精加工、再加工、深加工、茶叶营销等方面都积累了宝贵的经验。有了这些成功的经验,在勐海县是"中国普洱茶第一大县"的基础上,把勐海县建设成为"中国普洱茶科技文化第一强县"应当可以水到渠成。

其三,传承了异彩纷呈的民族茶文化。包括勐海茶王节,傣族泼水节,哈尼族嘎汤帕节(哈尼族新年)、合夕杂节(吃新米),拉祜族扩塔节(拉祜族的春节),布朗族桑康节(布朗族的大年)等节庆,以及茶歌、茶舞、茶民谣等非物质文化遗产。例如口口相传的布朗族纪念茶祖叭岩冷(又译帕哎冷,是傣王任命的管理布朗族事务的大臣)的《祖先歌》:

> 叭岩冷是我们的英雄,
> 叭岩冷是我们的祖先。
> 是他给我们留下了竹棚和茶树,
> 是他给我们留下了生存的拐棍。

🍃 茶马古道 新起点

叭岩冷也给子孙后代留下了珍贵的遗言：

留给你们牛马，
怕遇病而亡。
留给你们金银财宝，
怕你们很快花光。
就留给你们这些茶树吧！
这样才会让子孙后代，
取之不尽，用之不竭。
你们要像爱护眼睛一样爱护茶树，
一代传给一代，
绝不能让别人夺走！

重视传承老祖宗这三个方面的遗产，管好用好老祖宗的这些遗产，不仅对勐海建设中国普洱茶第一县具有现实意义，而且对实现把茶与旅游康养业结合，实现"一叶兴带动百业兴"的构想，具有深远的战略意义。

三、老百姓的生活

勐海县全县面积5368.09平方公里，国境线长146.556公里，素有"滇南粮仓""中国普洱茶第一县""茶林中长出的城市""西双版纳春城"等美誉，是中国的长寿地带之一。2018年全县人口约34.8万人，汉族人口仅为5.86万，这里生活着25个民族，其中傣族、汉族、哈尼族、拉祜族、布朗族、彝族、回族、佤族、景颇族这9个民族为世居民族。茶是各民族老百姓的民生大计。改革开放以前，多数茶农的生活如果用一个字来概括是"苦"，用两个字来概括是"很苦"，用三个字来概括是"非常苦"，个别特困户的生活可以用四个字来概括——"苦不堪言"。2010年之后，勐海县的茶产业进入了高速发展期，截至2015年末，全县茶园总面积达57.75万亩，毛茶总产量23755.2吨，茶业工农业总产值45.5亿元，占全县工农业生产总值的50.6%。其中农业总产值9.5亿元，占全县农业生产总值的38%；工业产值36亿元，占全县工业总产值的60%。拥有勐海茶厂（大益茶厂）、陈升茶厂、七彩云南茶厂、六大茶山、同庆堂等龙头企业230家，打造出大益、陈升号、

茶乡村寨

八角亭、七彩云南、朗河等普洱的著名品牌，"中国普洱茶第一县"已成为勐海县魅力四射的闪亮名片。

随着茶产业的发展，勐海县涉茶民众的收入提高很快，生活也发生了翻天覆地的变化。从笔者调查的情况看，勐混镇2011年人均茶叶收入1400元，户均茶叶收入6429元，2019年人均茶叶收入9031元，是2011年的6.45倍，户均茶叶收入38885元，是2011年的6.05倍；西定乡2011年人均茶叶收入963元，户均茶叶收入4558元，2019年人均茶叶收入5268元，是2011年的5.47倍，户均茶叶收入23075元，是2011年的5.06倍。另外，个别著名茶山的茶农收入堪称"惊人"。例如，老班章的茶农2019年的茶叶收入高的农户突破了500万元，收入少的一般也达到了七八十万元。茶叶生产的发展实实在在造福了茶农和茶商，使他们过上了以前连想都不敢想的美好生活。同时茶产业一叶兴带动百业兴，所以目前勐海县干部和各界民众对发展茶产业和茶文化的热情都很高。如今勐海先后荣获"中国西部最美茶乡""中国普洱茶文化之乡""全国重点产茶县百强县""中国茶产业十大转型升级示范县""云南省高原特色现代农业茶产业十强县"等称号。现在全县上下已经对勐海发展优势在于茶、发展潜力在于茶、发展出路在于茶、"茶叶兴，勐海兴"等都达成了共识。一座"一叶兴带动百业兴，百业兴促进一叶兴"的魅力城市正在兴起。勐海正在用"勐海茶、勐海味、勐海情"引领民众以茶构建健康、诗意、时尚的美好生活，引导民众用多姿多彩的方式喝茶、品茶、吃茶、用茶、玩茶、事茶，与"六茶"共舞！

云茶源一隅

第二节 勐宋古茶山
——西双版纳屋脊上的茶情

勐宋乡位于勐海县东北部,乡政府驻地离县城23公里。勐宋是傣语,意为"高山上的平坝",境内有10座2000米以上的山峰,其中最高峰滑竹梁子海拔2429.5米,号称"西双版纳屋脊"。全乡地处横断山脉南段,崇山峻岭与平坝相间,以山为主,是勐海县的主要产茶区之一。2016年勐宋乡常住人口2.4万人,其中哈尼族7653人,傣族6131人,拉祜族4840人,布朗族1947人,汉族2940人。茶叶种植面积82100亩,其中古茶树总面积3600亩，包括野生古茶树、栽培型古茶树两大类。野生古茶树主要分布在滑竹梁子的深山密林中，具体面积不详。全村栽培型古茶园约3600亩，主要分布在四个寨子：大安古茶园1200亩，保塘古茶园1000亩，南本老寨古茶园800亩，那卡古茶园600亩。

我先后十多次到勐海考察茶业，但过去从来没上过美丽而神秘的"西双版纳屋脊"，因此这次到勐海问茶的第一天，就迫不及待想一了夙愿。于是，我带着助理直奔勐宋乡，陪同考察的还有勐海县社科联专职副主席冯润安和县摄影家协会主席佐连江。勐宋乡宣传委员李学华和宣传干事尹丹为我们做向导。这次，我们首先拜访了曼吕村委会主任扎儿和那卡村党支部书记扎努。因为勐海县的干群关系很亲密，所以我们轻轻松松地边喝茶边聊天，很快就初步了解到了勐宋乡茶业的基本情况：滑竹梁子的山顶生长着大片的野生竹子，也保存有成片的野生型大茶树，属于大理茶种。1号野生古茶树生长在海拔2363米处，属乔木型，分枝稀，长势强，高11.3米，基部干围2.5米，最低分枝处离地0.8米，树冠直径3.6米×2.4米。滑竹梁子2号野生大茶树也属于大理茶种，树高10.05米，基部干围2.05米，最低分枝离地2.86米，树冠直径5.8米×4.6米。因为这两株野生大茶树生长在山顶，要先乘越野车沿简易公路到达海拔1200米处，然后再步行约两个小时才能到达。曼吕村委会主任扎儿和那卡村党支部书记扎努都劝我们说山高路险不安全，况且已进入了雨季，高山上风雨无常，没有必要去冒险。因此，没有安排我们去登顶考察野生茶树王，而选择了留在村主任扎儿家中喝茶聊天，然后跟他去考察寨子附近的古茶园。

那卡茶是勐宋茶区最具代表性的茶之一，明清时期就很有名气，每年都要通过"车里宣慰司"进贡给清廷，当时的缅甸国王也非常喜爱那卡茶。如今茶圈中有人称那卡茶为"小班章"，我曾多次喝过，感觉非常好。这次在那卡村，由村主任亲手冲泡他引以为豪的古树茶，感觉更胜一筹。那一天喝的茶汤色较浅，呈杏黄色，晶亮绚丽，香气多变。开汤后，水面香高锐而纯正，杯底留香持久，茶汤口感饱满，层次感分明，滋味协调，回甘较快，舌下生津明显，但是"霸气"感比老班章略逊一筹。这一泡那卡古树茶的叶底黄绿匀齐，鲜嫩，有淡淡的花蜜香。因为那卡古树茶在交易过程中，时常因为叶底不够肥壮而被视为台地茶。一些专家、"大师"在评茶时经常在这个问题上"折戟沉沙"造成误判，所以感官审评那卡古树茶，被勐海茶界幽默地称为"大师的死亡陷阱。"

喝过三道茶后，村主任扎儿带领我们去实地考察那卡的古茶山。"那卡"又称为"腊卡""纳卡"或"娜卡"，拉祜语

采茶

意为"有茶叶的地方"。古茶园就在寨子背后的山上，600亩古茶园分布在海拔1600~1800米处，平均每亩114株，全部属于普洱茶种，树龄200~300年。总体长势一般。那卡古茶树1号生长在海拔1682米处，小乔木，树高2.7米，树幅直径2.3米×2.8米，基部干围85厘米，主干围73厘米，分枝稀疏，长势较弱。

古茶园虽然就在寨子后山，但是坡陡路滑，路面有一些小石粒，像无数绿豆大小的珠子散落在路上，坡陡的地方踩上去滑得要命。我当时没穿登山鞋，三次滑倒，和古茶树拜了三次"天地"。虽然磕破了膝盖，划伤了手，但是可以算是用满腔热血与那卡茶结下了良缘。

下午我们去采访保塘旧寨村民小组长周志荣。保塘村分为两个村民小组，保塘村民小组的主体民族是汉族，保塘旧寨的主体民族是拉祜族。两个村民小组的古老茶园连在一起共约1000亩，125000株古茶树全部属于普洱茶种。云南著名茶专家杨中跃先生考察对比云南各地的主要古茶林之后，在他的专著《新普洱茶典》中认为：保塘茶园是普洱茶产区内生态环境最好的古茶园之一，古茶园长在森林中，可以排在前5名里。通过这次采访我完全同意杨中跃先生的评价。保塘古茶园确实是勐宋茶山最古老，最有代表性的古茶园，大多数茶树的树龄为300~500年，树高3~10米，基部干围粗60~200厘米，主干围粗50~130厘米。保塘一号古茶树生长在海拔1910米处，乔木型，半开张，树高9.2米，树幅直径7.7米×6.8米，基部干围200厘米，最大干围130厘米，长势强，叶片大（平

上篇 勐海茶

古树新芽

45

均15.9厘米×6.2厘米）属于大叶类。保塘茶的特点是条索紧结肥壮，显毫，茶汤杏黄明亮，口感饱满，比较霸气。水面香纯正，挂壁香持久，冷香幽雅，有山野气，苦涩味较显，但是过喉顺滑，回甘中有蜜韵，叶底黄绿匀齐。

周志荣是个朴实的汉子，讲话有点紧张。他告诉我们：保塘旧寨过去经济很落后，老百姓的生活很苦，直到2010年贫困人家还时常吃不饱饭。2011年实施茶产业发展规划以后生活才起了翻天覆地的变化。我问他："政府具体抓什么工作？"他说：这几年政府主要抓保护古茶树，加强茶园管理，组织我们不打农药，不乱施肥。还派技术人员来搞培训，重点培训茶园管理和茶叶加工。周志荣还告诉我们：2014年以后经济开始改善，去年（2019）保塘旧寨茶农收入较高的每户年收入超过了60万元，一般的茶农每户也达到八九万元。现在寨子里的茶农日子过得都像喝了陈年的保塘古树茶一样，回甘如蜜，韵味无穷。

因为那一次采访时间短，没能深入群众家中体验生活，了解民情，所以2021年3月18日我没有麻烦县里的干部，而是自己和徒弟明慧约了在勐海县修行的陶瓷大师、美学专家高峰教授一起再上勐宋乡问茶。

高峰教授在勐海已经修行了九年，他对当地的情况相当熟悉，建议我到勐宋乡三迈上寨纳双茶叶合作社去和茶农一起采茶。我欣然同意，心想这次一定会有一段与勐海茶再结深缘的邂逅。于是由高峰教授带路，我和明慧、李莫同、李剑辉等人一起兴奋不已地踏上了问茶之旅。到了地点，迎接

上篇 勐海茶

我们的有傣族茶农岩温叫、岩应香,还有一对傣族双胞胎姐妹花玉罕(小双)、玉应(大双)。西双版纳的三月是旱季,既有春天的浪漫,又有夏日的风情。那天,万里碧空如洗,白云如梦,沿途繁花似锦,野果诱人。我们一路如春游,采野花,尝野果,有说有笑,不停地拍照,不知不觉间登上了玉应、玉罕家在海拔1470米处的茶园。

采茶是单调枯燥的农活,在茶丛中穿行,要求眼明手快,但是大家都干的十分开心,边采茶,边互相拍照,在生机勃勃,美丽如画的茶园中开开心心地当了一回画中人。更开心的是,采茶虽然是粗活,但是却遇上了细心浪漫的文人墨客。在休息时明慧拿出特地带来的依云天然矿泉水,用刚刚采的嫩茶芽为大家泡茶。请试想一下,当欧洲阿尔卑斯山的矿泉水邂逅西双版纳春天的古树茶,品了之后会有什么感觉?更开心的是收工之后,一回到茶厂就闻到扑鼻的饭菜香。原来,待客周到的傣族姐妹花特地请了哈尼族烹饪高手科批村主任当大厨,为我们炖了一大锅放养的"茶山飞鸡",另外还做了两桌地地道道的"土菜",专门烹饪了十来种美味

🍃 采茶姐妹花

可口的野花、野菜。这时高峰教授像变戏法一样"变"出了一瓶他自己酿的桃花茅台酒。用此酒配哈尼族的美味佳肴,此乐何极!我实在词穷语拙,无法形容,唯有一叹:爽!做个茶人到勐宋乡问茶实在爽!

写到这里,3月18日的问茶之旅似乎圆满结束了,但是感情淳朴诚挚的傣族姐妹花却只是为这一段茶缘画了个逗号。

🍃 茶山留影

第二天下午,当高峰教授把我从陈升茶厂接到他的仙居时,看到玉罕、玉应两姐妹正在厨房里忙得不亦乐乎。原来因为昨天采茶结束后只留我们在茶山上吃了个便饭,姐妹花感到"招待不周,过意不去",所以第二天来"补课"。她们采购了土鸡、活鱼、鲜肉及许多特色野菜,还备好了几种傣味调料南泌麻批(傣味辣酱)、南泌巴(鱼酱),准备做凉拌野菜用,看得出姐妹花要一展厨艺,大显身手。在高峰教授宽敞的厨房,姐妹俩像跳傣族舞一样熟练而优美地炖、煮、洗、切,让我们什么都不要干,安安心心地到茶室去陪另外几位客人喝茶聊天。刚巧高峰教授的夫人范秀丽从东北老家回来,更增添了这次聚会的热闹和温馨。

　　大约三个小时之后开饭了，这是一次充分体现勐海情的民族联欢盛宴，高峰教授还邀请了时任勐海县委宣传部部长刘应枚和她的先生一起来参加我们的民间聚餐。晚宴极其丰盛，色香味俱全，有芭蕉叶蒸肉、香茅草烤鱼、酱香鱼、酱排骨、芭蕉叶蒸肉泥、傣味炖土鸡、菠萝糯米饭，还有几款傣族凉拌菜和我从来没有吃过的美味佳肴。毫不夸张地说，大双、小双做的这一席傣餐是我吃过的最可口的傣家饭。我们这一桌十个人，有东北来的满族、西北来的汉族、云南的傣族、拉祜族、哈尼族，天南地北五个民族的人围坐在一桌，有的还是初次见面，但是大家却一见如故，亲如一家，毫不拘束。

快乐的民族聚会

　　俗话说：品茶品文化、品意境；喝酒喝气氛、喝热闹。很多民族都能歌善舞，汉族茶人自然也毫不扭捏。高峰教授深知勐海人的习俗，早就准备了陈年茅台，三杯美酒下肚，晚宴立马变成了欢乐的民族歌舞联欢会。在座的有茶农，有地方领导，有专家教授，有退伍军人，但是男女老少一律平等，人人无拘无束，在欢歌笑语中度过了一个美好的夜晚。那一天我心醉了，但是头脑却很清醒，真切地感受到：只有人人平等，世界才会有真正的快乐！

第三节　南糯山古茶园
——烟雨迷蒙的童话世界

南糯山位于勐海县境东部。"南糯"系傣语，"南"即水，"糯"即竹笋，"南糯"意为笋酱。南糯古茶山属于勐海县格朗和哈尼族乡，位于从景洪市到勐海县城的公路旁，距离西双版纳嘎洒机场和勐海县城约20公里，是勐海县交通最为便捷的古茶山。此山平均海拔1400米，山势峻秀，植被茂盛，土层深厚肥沃，呈弱酸性，十分适宜种茶。全乡现有百年以上树

南糯山半坡老寨

龄的古茶树2.25万亩，占全县古茶园面积的三分之一，占西双版纳州古茶园面积的五分之一，被誉为"中国普洱茶第一乡"。其中南糯山村委会所属的茶园面积最大，交通最方便，最具有旅游观光价值。现存的栽培型古茶树有15000多亩，主要分布在姑娘寨、石头寨、半坡老寨、多依寨、丫口寨、向阳寨、拔玛寨、大巴拉寨、水河寨、竹林寨等哈尼族的茶山上。平均密度每亩169株，树龄一般在300年左右。据有关专家估算，最高的树龄超过了800年。

南糯山种茶的历史悠久，不晚于澜沧江北的古六大茶山（易武、攸乐、革登、莽枝、蛮砖、倚邦）。传说早在三国时期诸葛亮率军南征，路过南糯山时因为水土不服，不少官兵得了瘟疫。诸葛亮把手杖插入地上化为茶树，令士兵们摘叶煮汤，饮之病愈。当地古濮人（布朗族先民）剪枝扦插，繁育出许多茶树。为了感恩，濮人把南糯山称为"孔明山"，年年祭奠诸葛亮。直到1100年前，布朗族

孔明雕像

的先民不知何故迁离了南糯山，遗留下来的茶山被从墨江迁来的哈尼族人继承。

哈尼族迁入南糯山的第一个寨子叫姑娘寨（原名旧寨），第一位头领叫松米窝。哈尼族家族的谱系是根据"父子连名"的顺序排列的，根据这种排列，从松米窝至今，哈尼族人在南糯山定居已有57代。目前南糯山的哈尼族寨子都是从姑娘寨分出去的。千百年来，哈尼族民众对南糯古茶山的开发、利用、保护、改造做出了不懈的努力，为南糯山茶叶生产发展做出了不可磨灭的贡献。

现代茶文化专家杨中跃先生通过深入调研认为，南糯山的茶史大体上可以分为五个阶段：第一阶段是古濮人在此种茶。第二阶段是哈尼族人迁入南糯山后发展了茶叶生产。第三阶段是民国时期。民国27年（1938）4月，云南省思普区茶叶种植场在南糯山设立分场，开辟新式茶园，采用梯台式单行种植法，建立条形带状茶园1000多亩，存活17万株。民国29年（1940）思普企业局在南糯山开办机器制茶厂，引进揉茶机、切茶机、烘茶机、分筛机等机械设备，每年生产近千担红茶、青茶。第四阶段是中华人民共和国成立后，勐海县政府在南糯山成立茶叶实验站，勐海茶厂在山上设立茶叶初制所进行茶树种植和生产。第五阶段是20世纪80年代，勐海茶农响应政府号召，搞大规模茶园开发，这期间有不少古茶树被清除改植新茶或者矮化改造，从而形成了南糯山乔木古树茶、矮化古树茶、新种植的台地茶三种茶树并存的格局，为茶山游学提供了难得的、可对照的实物教学基地。大家若有机会到南糯山游学,建议不可错过以下几个具有代表性的地点。

其一,1938年回族人士白孟愚在云南省财政厅的支持下,成立了"云南省思普区茶业试验场"(即今云南省农业科学院茶叶研究所的前身)。1939年4月在南糯山建立第二分场即南糯种茶场,开辟茶园1099.5亩,采用等高条植,单行单株种植茶树,存活17万株,创建了滇南茶区最早的等高条植茶园。1940年1月,在南糯山古茶园中心区(今石头寨)设立南糯制茶厂,从印度购进揉捻机、切茶机、烘干机等英国造的制茶机器六台,收购附近哈尼族茶农的茶青生产机制红茶,并收购附近哈尼族的晒青毛茶,采用传统方法生产普洱紧压茶销往境外。

其二,20世纪80年代以来,云南省茶叶研究所、勐海县茶叶办公室等单位在南糯山先后实施了茶叶经济生态村、省茶叶综合示范区、国家级茶叶星火计划,新建立了密植速成高产茶园约5000亩,2001年南糯村茶叶产量达774吨,成为云南产茶第一大村,南糯山哈尼族人因茶走上了脱贫致富之路。

其三,2002年6月6日到景洪参加中国普洱茶国际学术研讨会的中外专家学者100多人,专程到南糯山考察古茶园,在向阳寨、多依寨、半坡老寨等地新发现多株古茶树,树龄在500年左右,这三个寨子很有考察价值。

其四,南糯古茶山的交通现已大为改善。2002年正式通车的勐海至景洪公路经过南糯山向阳寨,设有一个游览景点,可体验哈尼族风情,也能看到古茶园。公路的一侧距离大约5000米的地方,就是白孟愚1939年4月建立的云南省思普区茶业试验场第二分场及当年种植的等高条植茶园。公路的另一侧是南

糯山核心景区。从这里出发,有一条弯弯曲曲的盘山公路,可直达南糯山茶厂遗址及半坡老寨。从半坡老寨再步行一段路即到达树龄800多年的新茶树王景点,沿途可亲身体验热带雨林原生态的神秘野趣,以及历尽岁月沧桑的古茶园的野韵。

我第一次登南糯山是2001年5月18日。当时西双版纳已进入雨季,满山云雾缭绕,烟雨朦胧。我们时而如神仙般腾云驾雾,飘然而行,时而伫立云端,俯瞰人间。因此南糯山给我的第一印象是烟雨迷蒙中的童话世界,自己在这里恍惚间变成了童话故事中的"王子"。只不过我这个"王子"不是来找"灰姑娘"的,而是来探访最美的古茶树:既要古老苍劲,全身散发出岁月沧桑的神韵,又要新芽茁壮,充满生机活力。

2001年5月22日我第二次上南糯山,在当地哈尼族老乡的带领下,在半坡老寨附近参拜了一株"茶树王"。2002年6月6日,我到景洪参加中国普洱茶国际学术研讨会,会议组织中外专家学者100多人,专程到南糯山古茶园正式拜茶王,我才知道自己过去参拜的那棵"茶王",只不过是一株较为粗壮的老茶树,南糯山类似这样的古茶树有很多。最早发现那棵茶树王是1951年12月,是云南省茶叶研究所周鹏举先生在哈尼族猎人带领下发现的。当时实测株高5.5米,基部干围1.38米,树龄约800年,属于人工

茶叶邮票

赵老墨宝"南行万里拜茶王"

南糯山石刻

栽培型。后来这棵茶树王的照片被制作成了中国邮票，中国佛教协会原会长赵朴初居士还专门挥毫泼墨，题写了"南行万里拜茶王"。可惜赵朴初居士的墨宝还在，这株茶树王却在人为"保护"下于1995年枯死了。2002年5月8日，时任省茶科所所长张俊和时任勐海县茶叶办公室主任曾云荣，在南糯山半坡老寨海拔1700米的密林中又发现了一棵老态龙钟，粗壮遒劲，树高5.3米，树冠9.35米×7.5米，主干直径0.76米的老茶树，这株老茶树与枯死的茶王树树龄相近，编号为南糯山古茶树2号，现在这株新茶王树已成为南糯山茶文化旅游的核心景点，受到许多慕名而来的人顶礼膜拜。

南糯山古茶园的管护和综合开发利用是一个功在当代，利在千秋的系统工程，不仅工作量非常大，而且需要有特殊人才。要圆满实现预期的目标单靠格朗和乡的力量远远不够，再加上勐海县的力量也还不够，应当善于借势。我的一位好友陈学荣先生多年前曾赠我一副对联令我受益终身。上联源于《道德经》：道生一，一生二，二生三，三生万物；下联是陈学荣先生根据自己的切身体会对的，对得极妙：天造地，地造人，人造势，势造大千。是的，势造大千！无论是自然界还是人类社会，要取得巨大成功都必须善于造势、借势、用势。水借势能摧枯拉朽，兵借势能势如破竹，商借势能生意兴隆通

美丽茶乡

四海，财源滚滚达三江。要完成造福子孙后代的系统工程，更需要造势、借势、用势。

其实许多可借之势有时就在我们眼前等待着机缘。例如2012年6月，我再次到南糯山时，好朋友曾云荣带我到在南糯山隐居的高人谢春生先生的清修处喝茶。谢先生原本是北京著名的医学大师，后来隐居在南糯山潜心研究以茶养生，对南糯山的茶颇有心得。那一天谢先生请我们喝了三款南糯山不同山头的古树茶。因为初次见面还不熟悉，他冲泡第一款茶时我没有多说话，只是专注地品茶。只见开汤后汤色橙黄清亮，入口微苦，回甘快而悠长，从荷香中透出淡淡的蜜韵。第二泡是半坡老寨的茶，口感饱满，栗香明显。第三泡是石头老寨的老茶，看样子谢先生把压箱底的好茶都搬出来了。不过这时我和谢先生已经聊得很投缘，专注于聊天，没有专心品茶，反倒辜负了谢先生的好茶。我与谢先生是研究茶道养生的同行，虽然研究的角度不同，但是交流起来话题特别多。品了三款茶，临别时谢先生送给我一首诗。诗曰：

> 僾尼山寨彩云间，夕阳未落月满天。
> 石头老寨似宫阙，半坡姑娘赛天仙。
> 穿云破雾采古茶，上善圣水洒人间。
> 南糯山是福寿地，何必桃源去耕田？

他以诗明志，我猜想如果南糯山实施古茶园与现代康养深度结合的系统工程，并且政府制定出吸引人才的优惠政策，谢先生很可能会乐于效力。类似谢先生这样隐居在勐海的高人一定还有一些，建议勐海政府在茶产业进一步发展的过程中，打破行业界限，拓展求贤视野，把"八方招聘人才"与"就地挖掘人才"相结合，通过汇聚人才来造势，借势，用势。

南糯山茶旅、茶康养相结合进一步发展的可借之势有很多。例如历届勐海（国际）茶王节就是可借的大势。2009年4月15日至17日，在南糯山村半坡老寨举行的第一届勐海（国际）茶王节，以哈尼族茶文化为主，包括祭茶王树活动，我参加了之后感到十分震撼，从而加深了对勐海茶产业的印象，觉得勐海茶产业能为茶文化教学不断提供新经验、新案例，所以把勐海县作为西安六如茶文化研究院长期跟踪考察的重点，十

● 作者参加南糯山茶王赛

多年以来，我一直自封为勐海茶的义务宣传员。又如2011年4月8日，我在南糯山半坡老寨参加了以"千年茶韵，古朴民风，浓郁民俗，天籁民歌和倡导绿色低碳普洱茶生活方式"为主题的勐海（国际）茶王节，著名茶专家曾云荣先生带我去僾尼族姑娘二妹家中做客，喝现场操作的僾尼族烧茶，吃地地道

● 作者与徒弟明慧（左）合影

道的僾尼族家常饭，甘醇鲜香的烧茶和奇特的僾尼族农家美味令我至今难忘。我觉得在这里开发热带雨林古茶山民俗游很有前景。

为了编写本书，2020年4月27日，我和助理赵晓楠在勐海县委宣传部陈启发副部长和勐海县摄影家协会主席佐连江的陪同下，又一次登上了南糯山。说来也巧，赶巧又碰上了雨天。登上观景台远眺，只见云海翻腾，雾锁群山，茶林如梦，好像进入了烟雨朦胧的童话世界。这里的雾美得让人不会作诗也会吟。

南糯山的雾是有生命的雾，她时而像仙女下凡，伴随着山风飘然起舞；时而像羞涩的村姑，躲在山谷中顽皮地探头与人们相望；时而像慈母，温存地呵护着茶树；时而像诗人，在神奇的茶园中痴情徜徉。南糯山的雾是有灵性的雾，她时而激动地招手，配合云海欢迎我们到来；时而裹紧我们，仿佛和我们难舍难分。如果碰上做饭的时间，寨子里升起的炊烟和云雾合作，会把山寨绘成一幅幅充满诗情画意的国画。我边走边想，如果幸运，恰逢皓月当空，云雾在月光下会把南糯山装扮成什么模样？正在信马由缰胡思乱想，忽然一阵山风吹过，云雾顿时飘然而去，时而像是在向我挥手告别，时而又像招手约我跟她结伴同行。当时我真想跟随着云雾走，看一看她会把我带到哪一位仙人的洞天福地中去。

可是，云雾没有带我到洞天福地去，倒是勐海县委宣传部的陈启发副部长和县摄影家协会主席佐连江先生带我们到了一个喝茶的好去处，和熟悉南糯山情况的老乡一起喝茶聊天。很快就采访到这几年南糯山发生的童话般的变化，全乡现有茶园面积109230亩，茶叶采摘面积90900亩，总产量达3908.7吨。2018年农村常住人口人均茶叶收入超过1万元，茶产业收入占农民总收入的60%以上（其中古茶树占茶产业收入的70%以上），茶产业是乡里的支柱产业，是老百姓收入的主要来源，所以大家对南糯山茶产业的进一步发展计划都倾注了心血。群策群力制订的规划既有战略眼光，又切实可行，若再梳理一下，执行起来会事半功倍。

首先，我认为对南糯山的进一步开发应当抓住生态建设和环境保护这个根本，扎实推进竹林、特色经济林、珍稀用材林、生态景观林等的基地建设，积极发展林下种植、林下养殖、雨林旅游、茶乡休闲康养等生态经济。这几年南糯山在这方面发展的成绩斐然：2012年完成樟茶种植约1万亩。2013年樟茶种植0.84万亩，杉木种植2560亩共128万株。2014年完成三丫果、西南桦、酸木瓜和樟脑等经济林木种植14592亩，共计149917株。2015年完成18804.7亩经济林木种植。2016年完成9000.87亩，173026株经济林木种植。茶园多元化综合经营前景无量，要进一步引导乡亲们提高这方面的认识。

其二，茶与旅游康养业结合是极有前景的朝阳产业。2017年11月，南糯山村创建生态示范村项目正式启动，该项目以勐海县"七子饼旅游环线"与南糯山半坡老寨的2400亩古茶园为核心区。核心区又以茶树王为核心点，辐射周边14个村寨。这个项目于2018年6月30日正式完工。新建了火山石防滑路面、木质单循环徒步栈道、沿途设置了许多具有典型哈尼民族特色的设施，例如木质分类回收垃圾桶、木质公共厕所、特色取水点、茶文化祭祀体验中心、茶区道路指示牌、村规民约告示牌和观景台，等等。通过该项目，优化了茶旅结合，促进茶产业提质增效。但是南糯山茶山休闲康养产业的规模还不够大，宣传造势还不够得力，有待请高人来策划。

其三，建议南糯山充分利用茶山的生态优势、当地的茶文化和民俗文化的资源优势和西双版纳州的旅游业优势相融合，牢牢把握"哈尼文化"和"生态古茶文化"两个主旋律，丰富茶文化旅游内涵。例如借助嘎汤帕（哈尼族新年）、耶苦扎节（耶苦扎是哈尼族传说中的治虫英雄，耶苦扎节为纪念他的节日，也叫打秋节，节日期间人们广泛开展打秋千、对歌、跳竹筒舞等多种民间娱乐活动），充分展现哈尼族多姿多彩的民族文化。

近几年格朗和哈尼族乡通过切实努力，全乡人均收入从 2011 年的 4200 元，增长到 2019 年的人均收入 12137 元，八

🍃仙境般的茶山，迷一样的茶——勐海茶山云海

🍃 新老茶人邂逅于南糯山新茶王树下

🍃 茶山远眺

年翻了三番。在享受茶旅结合的甜美果实时,希望勐海下一步紧紧围绕全县打造"中国普洱茶第一县"和"西双版纳春城"的目标定位,充分挖掘哈尼乡的地缘条件、民族文化、生态资源、政策倾斜等四大优势,把茶产业和热带雨林古茶山特色旅游相结合,把家乡建成"哈尼族古茶村休闲康养旅游综合体",促进一、二、三产业相互联动的良好发展态势,努力把格朗和哈尼族乡打造成为生态优美、人文和谐、亮点突出、贴心暖人的茶旅圣地,把家乡建设成为哈尼族民俗文化深度体验的旅游康养天堂。

南糯山交通方便,风景优美,茶文化内含厚重,令人百去不厌。2021年3月20日我在景洪问茶,那一天是春分时节,我和徒弟明慧再次去南糯山拜茶王,在茶树王下我赋诗一首《春分时节拜茶王》:

> 春分踏露入仙山,穿越云海拜茶王。
> 超脱红尘看世界,传承陆羽一脉香。

这个世界"无巧不成书",我刚刚在微信上写完"传承陆羽一脉香",便与我培训过的一批学生不期而遇,他们风尘仆仆,不远万里而来,也是为了春分时节拜茶王。我们欣喜地在茶树王下合影留念。我这个老茶人看到年轻人如此爱茶,真是比喝了老班章还开心。中国的茶文化后继有人,中国的茶产业大有希望!

第四节　巴达古茶山
——有仙人脚印的地方

"巴达"，布朗语意为"有仙人脚印的地方"，坐落在勐海县西部，西与缅甸接壤。民国时期巴达被称为曼兑乡，隶属南峤县，云南解放后几经变更，1987年10月被改为巴达布朗族哈尼族乡，隶属勐海县。本书中所说的巴达古茶山并不局限于巴达，还包括2004年9月巴达、西定两个乡合并为勐海县西定哈尼族布朗族乡之后的所辖的茶山。两乡合并后，当地的茶人在称呼茶区时仍然习惯将西定片区的茶园归入"巴达茶山"，这一片古茶园总面积3451亩，最著名的是"曼迈"和"章朗"。

"曼迈"在布朗语中意为"中心寨"或"发源地"。据介绍，曼迈寨的村民原本居住在深山密林中的永平老寨，后来有人发现了一口山泉，泉水清洌甘甜，四季涌流不断，被称为"圣水"。于是人们把山泉整修成水井，纷纷搬迁到水井的附近合建起了寨子。在布朗语中"合"称为"兑"，所以曼迈，也称为曼迈兑。曼迈发展一段时间之后，由于此地山清水秀，空气清新，且有"圣水"滋养，寨子人丁兴旺，不断有人搬迁出去创业，分出了一系列"小娃娃寨"，有的人甚至迁到缅甸、泰国定居。人虽迁走了，但人心仍旧留在曼迈。迁居到各地的曼迈子孙，经常会回曼迈这个"发源地"来朝圣，他们都把喝一口圣井的水视为最大的幸福，常常在离开时还要装几瓶圣水，带回去请亲朋好友品尝。

曼迈现有居民114户，古茶园的面积836亩，紧靠着寨子，沿山路一直延伸到海拔1500米左右的山坡。由于20世纪80年代响应政府号召对茶树进行"乔木矮化"处理，现在道路两旁只能看到有一米多高的丛蓬式茶树，少量原生态的古茶树散布生长在山顶的森林中，要看这些古茶树得爬两小时的山路深入到森林中去找。幸好"矮化"后的古茶树所产的茶叶品质和原生态古茶树没有多大区别，条索细长紧实，汤色橙黄晶亮，第一泡略苦涩，但是回甘来得快，有花蜜香。随后越泡越好喝，回甘绵绵不绝，香气幽雅多变。那种苦尽甘来，变化莫测的感

曼迈寨

觉韵味无穷，非常美妙。

为了进一步了解巴达古茶园的情况，2020年4月25日，我和助理赵晓楠在县委宣传部冯润安和勐海县摄影家协会主席佐连江的陪同下，去探秘千年古寨章朗村的布朗族古风和民俗。车子开出县城，沿途看到无数大龙竹直指蓝天，奋发向上，我情不自禁即兴作了一首《以竹为师》与同行者共勉：

破土穿云向蓝天，虚心有节更无前。
截取一支做扁担，兴茶重任担在肩。

"章朗"源于傣语。"章"是"大象"，"朗"为"冷冻"。章朗意为"大象被冻倒下的地方"。这是一个十分感人的故事：传说1400多年前，有一位僧人不远万里从斯里兰卡骑大象驮经书来到章朗弘扬佛法。长途跋涉历经千辛万苦，一路忍饥挨饿，加上章朗山高风寒，大象和僧人都又累又冷，又饥又渴，大象拼尽最后的力气，用鼻子钻地打出一泓清泉，救活了僧人，自己却累死了。就这样，大象给当地百姓留下了一口"饮之得康乐，清心去凡尘"的水井。僧人喝了水，恢复了体力后向当地布朗族信众讲经说法，并动员大家把贺松和都庸两个寨子合二为一，建立了章朗寨，还建了两座缅寺（南传佛教的寺庙），一座建在寨头，一座建在章朗山上。寨头的缅寺中有一块大石碑，据碑文记载，章朗寨已有1400多年的历史。在这些年里，章朗的民众从小到大，每天听着寺里悠扬的钟声，受礼佛香火的熏陶，过着清静的日子，久而久之潜移默化形成了"佛系性格"：随和、善良、乐善好施、与世无争。目前，章朗寨有244户人家，是西双版纳最大的布朗族寨子，也是布朗族历史文化保存得最完整的寨子。寨子中建有一座颇具规模的"布朗族文化交流展示中心"，布朗族的宗教信仰、服饰、民风民俗在中心都有系统地展示和说明。近年来，国内有一些学者慕名来考察，大家都满载而归。

章朗距离县城约60公里，因为重山阻隔，交通不便，过去这里非常封闭落后，听说四十年前这里还沿袭着祖祖辈辈的刀耕火种农耕法。这次来章朗探幽问茶我一直想不明白，在这么

章朗千年古寨

▶ 章朗古寺

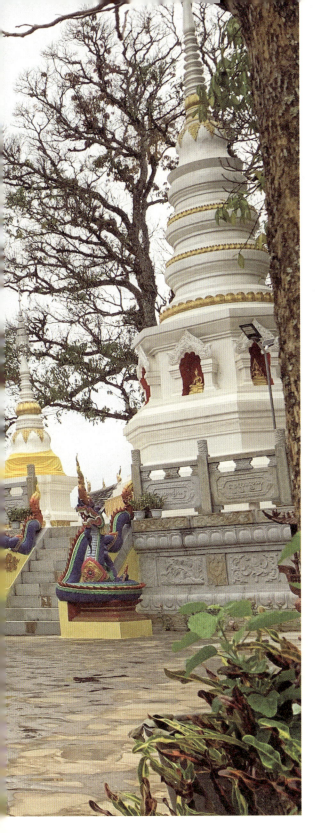

偏远的高山，在交通闭塞，人口不多，几乎与世隔绝的寨子里，在生产力十分落后的情况下，布朗族先民是如何盖起了这两座金碧辉煌，令人一进入便心生祥和，如回归心灵家园的缅寺。这两座缅寺气势恢宏，庄严肃穆，寺外荷花池环绕，寺内佛塔矗立。大殿的屋顶涂了金粉，门口有一个大佛龛高约四米，四面镂空，雕刻着人物花鸟，构思巧妙，雕工精美，金色的佛塔和大殿的屋顶在阳光照耀下熠熠生辉，令人肃然起敬。

更令我喜出望外的是我们参观佛寺时，在两座寺中都看到了盛开的地涌金莲。地涌金莲是佛教圣花，据佛教经典记载，佛祖诞生时用手指指天，指指地，口诵："天上地下，唯我独尊！"然后向东南西北四个方向各走七步，每走一步，足下都会开出一朵金灿灿的地涌金莲。带领我们参观的人说："圣花开放，见者有福。"于是我当即赋诗一首送给有缘同行的朋友们旅途解闷。

《地涌金莲,花开报喜》
沐着雨后的阳光,
地涌金莲张开了笑脸。
放射出万道佛光,
照亮我的心田。
圣花不语,
禅意绵绵,
佛祖啊!
您好像就在我们眼前。
传我苦集灭道,
教我广种福田。
心中顿觉虚静,
从今好事连连!

地涌金莲

俗话说"心诚则灵"。诗中说到"从今好事连连",好事还真的到来了。

第一件好事在章朗寨,村民委员会主任、驻村工作队长罗振阳用2020年最好的古树茶招待我们。他说:今年天气旱,茶叶减产,但是质量特别好。开汤品饮之后感到确如所言。这款茶的条索肥壮,白毫明显,汤色橙黄晶亮,略苦涩,回甘强烈,生津快,有幽雅的梅子香。品后令我满口生津,舌底鸣泉,胃口大开。村主任也不清楚这款茶属于什么茶树品种,只是说:章朗寨的茶树主要属于乔木中叶种,也栽种了一些云抗10号、云抗14号、矮丰、长叶白毫等优良品种。在村主任家喝茶我还有一个意外的收获,他们告诉我章朗的古茶园有"记事功能"。例如"达翁茶园"意为"水源边上的茶林";"恐力茶园"意为"寨边石头地上的古茶园";"竜新丁茶园"意为"两寨火并有人伤亡的古茶园",等等。这些是我在写《神州问茶》时花了四年多时间,跑了诸多茶区调研都没有听说过的新鲜事,真是学无止境,又长见识了。

第二件好事是时逢雨季,那一天却没有下雨,去参观茶山和勐海茶厂1988年建在西定乡的万亩茶叶生产基地时,天公作美,让我们以秀色连云、葱绿苍翠的青山为背景,拍了几张茶园的美图。

第三件好事是品了章朗村的好茶之后,我们被请到了曼来村帕司老寨村民小组组长甲追家中过哈尼族的"彩蛋节"。根据当地的过节习俗,我们和主人邀请的各民族朋友们欢聚在一起,亲如一家,热热闹闹地一起过节,体验了勐海县不同民族

🍃 茶园春晓

和睦相处，互敬互爱，过节相互邀请的"勐海情"。这个彩蛋节过的像"彩蛋"一样圆满。

在这一天的调研中，我们还了解到了勐遮镇在执行县委、县政府在《中国普洱茶第一县规划纲要》中提出的十大工程相当给力。2011年，勐遮镇茶园面积25946亩，毛茶产值4899万元。2019年达到了茶园面积37541亩，毛茶产值9723万元，分别比2011年增长44.7%和一倍。该镇2011年人均茶叶收入940元，户均茶叶收入4612元；2019年人均茶叶收入1744元，户均茶叶收入8835元，分别比2011年增长了85.5%和91.6%。虽然成绩可嘉，但比起茶产业发展先进的乡镇仍有一些差距。

巴达的古茶树分为两大类,一类是人工栽培型古茶林,主要分布在各个布朗族寨子附近。另一类是野生古茶树群落,这是非常珍稀的茶文化"活文物"。巴达是云南野生古茶树资源最集中的区域,主要分布在巴达贺松村大黑山。到巴达问茶,最好安排一天时间去看看原始野生古茶树群落。1961年10月,有当地哈尼族群众在大黑山深处发现了一株特大野生古茶树。1962年,云南茶科所派科技人员张顺高、刘献荣深入到原始大森林实地考察,测量得到的数据为:该树生长在东经100°06′34″,北纬21°49′45″,海拔1960米处,当时的树高32.12米(1967年被大风吹断主干后尚高14.7米),树冠直径8.8米,主干直径1.03米,距地面1米左右有并生的一级分枝4枝,直径0.25～0.4米。后经有关专家多方考证,这株野生古茶树的树龄超过1700年,因此被尊为"野生古茶树王",也称"巴达茶树王"。这个发现轰动了世界茶学界,巴达从此名扬四海。

虽然这株"巴达野生古茶树王"因极度老化导致根部断裂倒伏,已于2012年9月27日被鉴定为自然死亡,但与它相近年代的野生古茶树及茶树王的子子孙孙还生长在附近。其中1980年发现的巴达大黑山2号古茶树树干挺拔,树高约32米,主干直径0.82米,有五个分枝,最低分枝的高度7.5米,是迄今为止发现的最高、最典型的野生古茶树,被称为"大黑山新茶王"。2004年,云南省茶科所、西双版纳州政府组织茶叶科技人员对大黑山野生古茶树资源详细考察,证实大黑山的野生古茶树群落还有6000多亩,很有茶旅游观光、教学及科考价值。

第五节 贺开古茶园
——古茶山上的"皇家公园"

"贺开"傣语意为"坝子的源头"。贺开既是勐海县勐混镇贺开村委会的简称，又是著名茶山的名称。贺开茶山北连南糯山，东邻帕沙茶山，南接布朗山茶山，向西可俯瞰勐混坝子，茶园总面积1.62万亩，平均一亩132株左右，是世界上连片面积最大，平均树龄最长，茶树密度最高，管护得最好的古茶园，也是最美丽的古茶园，被誉为"世界级茶园景观"。

贺开村委会距勐海县城30多公里，下辖九个寨子，其中曼弄老寨、曼弄新寨、邦盆老寨、邦盆新寨、曼迈、曼图六个寨

贺开古茶园

子为拉祜族寨子，曼贺勐、曼贺纳为傣族寨子，广冈为哈尼族寨子。古茶山的核心区为曼迈、曼弄老寨、曼弄新寨三个拉祜族村寨，集中连片的古茶园面积8755亩，分布在海拔1400～1700米的黄棕壤地带，树龄300～600年，古茶树生长旺盛。这三个拉祜族寨子都散布在古茶园中，极富民族特色的干栏式木楼（也称为木掌楼）顺着山坡高高低低，错落有致地分布在古茶林中。"林中有茶，茶中有寨，茶生寨中，茶寨相融"，构成一幅人与自然融为一体的和谐生态景观。这里"一座寨子一个景，一片茶林一幅画"。旭日东升或夕阳西下时像油画，烟雨霏霏或月色朦胧时像写意山水画，令人赏心悦目。其中最令人驻足流连，乐而忘返的是曼弄新寨。寨子里各家各户的木楼都被茶林拥抱着，高大的茶树枝叶摇曳，绿影婆娑，白天可以站在阳台上采茶或观景，晚上可以躺在竹床上，静听茶树在雨中浅吟，在风中低唱，或听虫声为你鸣奏催眠曲。住在这里，一年四季都能枕着茶香放松自己的身心，享受月光把茶树的倩影透过窗户投射到自己身上，轻轻地抚拍着自己入梦。我们的心可以追随着月光，自由自在地在蓝天上翱翔。这些达官显贵都未必能享受到的奢侈，个中情趣想一想都令人心醉。

据当地拉祜族老人说，贺开古茶山的历史有一千多年，最早是布朗族的先民在这里种茶。大约五百年前，不知何故布朗族人都迁走了，由拉祜族迁到这里居住。拉祜族有"古老茶农"之誉，无论迁到哪里都择山而居，并且会在居所附近大量种植茶树，从而造就出如诗如画，令人驻足流连的美丽家园。

2020年4月27日，白云为伞，和风送爽，勐海县社科联

● 一棵茶树便是一个小小的热带植物园

专职副主席冯润安、县摄影家协会主席佐连江陪同我和助理赵晓楠一起考察贺开古茶山，勐海镇宣传委员张剑、贺开村党支部支书杨泽忠、工作人员罗云热情地为我们导游。这是我第三次来考察这片古茶园，旧地重游自然倍感亲切。

一进入贺开古茶园的巨大拱门，一条青砖铺地，极有韵味

的小路蜿蜒有致,曲径通幽,引领我们穿越历史,深入到古茶树林中去探索普洱茶的奥秘。沿途千姿百态的古茶树高低错落,步移景换,或盘曲苍劲,或挺拔秀丽,每一株都生机勃勃各有神韵,宛如精心营造的皇家园林。每一棵树都争相展示着历经岁月沧桑之后的苍茁之美。每一棵茶树都挂有一块勋牌,牌子上详细记载着这棵茶树的树龄、高度、干围、树冠直径等数据。这里的茶树不施化肥,也不打任何禁用的农药和除草剂,仔细观察可看到每一株茶树上都长着许多寄生植物、附生植物,周围还生长着伴生植物,常见的有藻类、苔藓、地衣、蕨类、石斛和多种兰科植物,有的还开着各种艳丽的花朵,有的甚至形成"叶上长草""树干生树"的奇妙景观。若是对植物学有研究,我们甚至可以把每一株茶树都当作一座小小的热带植物园细心观察研究,一定会越看越有趣。

茶树上的寄生兰花

贺开一号茶树王

贺开古茶园中有许多令人感兴趣的景点,我最感兴趣的有三处。

其一是茶树王。"茶树王"的编号为"贺开一号",这株古茶树的基围2.12米,干围1.72米,树高3.8米,树冠直径7.8米。

其二是曼弄新寨的大路旁有一棵大榕树。大榕树的怀抱中居然长着一棵老茶树,形成了天下唯一的"榕抱茶"奇观,现在已成为曼弄新寨的标志性景点。

其三是蜿蜒有致的小路尽头有一座观景台,观景台高约20

多米，登台鸟瞰，万亩古茶园和秀色连云的崇山峻岭尽收眼底，散布在茶园中的拉祜族寨子历历在目。

拉祜族是我国的一个"直过民族"。所谓"直过民族"，是指直接从原始社会进入现代社会的民族。新华社记者胡超撰写的《一个"原始部落"的千年跨越》被许多网站、报刊转载，讲的就是拉祜族从原始社会的生活方式直接跨入现代社会的巨大飞跃。实现这一飞跃的助力之一就是茶叶，是茶叶生产发展使他们的收入快速增长，生活得到根本改善。2011年勐混镇人均茶叶收入只有1400元，户均6429元。2019年达到人均茶叶收入9031元，增长了6.45倍；户均茶叶收入达到38855元，增长了约6倍。所以贺开的拉祜族同胞对茶有深厚的感情，茶树是村民们的摇钱树，他们把每一株茶树都铭刻在心中，给予无微不至的精心呵护。

到了观景台下旧地重游，触景生情，自然要登上这座塔式高台极目远眺。这一远眺勾起了并不遥远的回忆：2018年11月22日，我中午在长沙岳麓山品茗、赏菊、赏红叶，傍晚就飞到西双版纳嘎洒机场，应邀带领第五届全国茗星茶艺师大赛十八个分赛区的冠军在勐海边游学边集训。县里对这次活动非常重视。22日报到时，由县委宣传部刘应枚部长和县政协副主席王崇兰接待我们。去陈升茶厂参观学习时由县委书记洪国正先生亲自介绍勐海县茶产业的发展情况。他语重心长地对选手们提出希望，希望选手们立志爱茶事茶，为祖国茶产业的发展和茶文化的复兴做出贡献。陈升号的董事长陈升河先生致欢迎辞后，洪书记、王副主席陪选手们参观了陈升茶厂一条全长

376米,不落地、清洁化、自动化的生产线。其后我和王副主席、云南茶叶研究所所长何青元先生一起,陪选手们到贺开参观古茶园,并为选手们讲解、答疑。

回忆2018年带队来游学的情景,我越发觉得贺开古茶园非常适合作为茶学和茶文化的游学基地。这里交通方便,风景优美,在茶林中有几块芳草如茵的开阔地,我们曾在草地上举办过一场茶会。在野花自然点缀的芳草地上泡茶,在历尽沧桑的古茶树下喝茶,在镶嵌于青山绿水间的古茶园中与志同道合的朋友谈古论今,聊诗聊茶聊人生,这是多么难得的奢侈享受啊!那一天,我和选手们在贺开古茶园还交流了茶席布置,大家都乐而忘返。

贺开古茶山现有古茶园16122.7亩,有古茶树2330509株,其中树径30厘米以上的34781棵,树高三米以上的13515棵,这是全州、全省乃至全世界最大的栽培型乔木大叶种古茶园。过去我来贺开考察过两次,自以为对贺开古茶园有所了解。但是这一次深入调研后,面对这组数据,我还是感到很震撼,由不得要大声呼吁:在被人类破坏得千疮百孔的地球上,中国云南勐海县还保留了贺开这一方净土,在这块净土上顽强地生长着二百三十多万株古茶树,这片古茶园不仅仅是贺开的宝贵财富,也不仅仅是勐海县的宝贵财富,而是全人类的宝贵财富。我们不仅要把它保护好而且要利用好,让贺开古茶园为传承中华茶史,弘扬中华茶文化服务,为茶教学服务,为茶科研服务,为勐海县发展现代茶旅游康养业服务。

贺开古茶园是世界级的,我们有责任把它推向全球。贺开

🍃 参观贺开古茶园

古茶园是神奇的,我们有责任促使它大放异彩。当我结束这次调研,在离开这个拉祜族村寨时,"实在舍不得"的心情油然而生。于是,我情不自禁地为接待我们的朋友,吟诵了四年前我听了拉祜族歌手李娜倮唱《实在舍不得》之后和的民歌。李娜倮的原词是:

我会唱的调子，
　像山林一样多，
就是没有离别的歌。
　我想说的话，
　像茶叶满山坡，
就是不把离别说。
最怕的就是要分开，
　要多难过有多难过，
　舍不得哟舍不得，
　我实在舍不得！
　你没看的风景，
　像山花一样多，
还有多少思念的河？
　你留下的情，
　像火塘燃烧着，
还有好多酒没喝！
最怕的就是要分开，
　要多难过有多难过。
舍不得哟舍不得！
　我实在舍不得！
最盼望的就是你再来，
　要多快乐有多快乐。
舍不得哟舍不得，
　我实在舍不得！

歌词是那么亲切、朴实、发自于一颗淳朴的心,体现了"美到极至是自然"。当时我听了深受感动,于是在返程的中巴上,我按照李娜倮的原韵和了一首,歌词是:

你给我的情,
像茶叶一样多,
时刻都在陶醉着我。
我们在一起,
像门口那条河,
日夜唱着快乐的歌。
想不到这么快就分开,
其实我比你更难过。
舍不得哟舍不得,
我实在舍不得!

我对你的爱,
像稻田里的禾,
正在灌浆等收割。
我们在一起,
像火塘里的火,
你想多热就多热。
煨好普洱还没喝,
舍不得哟舍不得,
我实在舍不得!

最想和你一起陪茶慢慢变老,
要多快乐有多快乐。
舍不得哟舍不得,
我实在舍不得!

  爱好普洱茶的朋友们,我郑重向大家推荐贺开古茶园,希望大家有机会来看看。如果来,建议朋友们一定要喝一次拉祜族烤罐茶,最好用竹杯喝。烤罐茶清香甘爽,传承了拉祜族一千多年的习俗。到贺开来探访千年古茶园,体验拉祜族古茶俗,我相信大家一定会像我一样流连忘返。

🍃 与拉祜族歌手李娜倮（左）合影

第六节　帕沙古茶园
——幸福吉祥的乐园

帕沙村隶属格朗和哈尼族乡管辖。"格朗和"是哈尼语，意为吉祥幸福。云南著名的茶文化学者林世兴在《山头茶》一书中提出了"路南山山头茶"的概念，他认为路南山茶包括路南山两侧的帕沙、帕真、南盆三片古茶园，这三片古茶园的茶有相似的"茶韵"：香、甜、润。帕沙村在这三片古茶园中扬名最早，名声最大，同时和我的缘分也最深。2013年12月30日，云南著名的茶专家、茶马司茶业有限公司董事长胡皓明曾带我来参加过哈尼族朋友的婚礼，喝过哈尼族的喜酒，吃过美味的烤肉、烤鱼、炸蜂蛹、炸竹虫，还有哈尼族特有的撒基切（酸肉），哈尼族朋友的纯朴和热情给我留下了珍贵的回忆。

2020年4月24日，我和助理赵晓楠在勐海县宣传部副部长陈启发、勐海县摄影家协会主席佐连江、格朗和乡党委宣传委员陈晓嘉、副乡长张绍楠的陪同下再次去帕沙古茶山探秘。沿途的公路两边每隔二三百米便立有一块巨石，每一块石头上都用不同的字体刻着一个大大的"茶"字，在公路的一个转弯处矗立着几块巨大的石头，巨石的三个立面，分别刻写有"勐海茶""勐海味""勐海情"。

🍃 勐海茶　勐海味　勐海情

　　这可不是一个小工程，勐海人把他们爱茶之情不仅表现在日常的眼神里、言谈中、行动上，而且把这种深情铭刻在崇山峻岭之间的一百块巨石上，组成了连绵数十里的"百茶图"，无论是谁看到都会被感动。

　　到了格朗和乡，陈晓嘉和张绍楠带领我们直奔帕沙村委会主任三帕家。三帕是村里的制茶能手。我上次来帕沙时对这位哈

帕沙新寨古茶园

尼族帅哥就有深刻印象,这次来才发现他不仅是制茶能手还是泡茶高手。他给我们泡了几款当年的古树茶,满室生香。帕沙的茶不像老曼娥的茶那么苦,也没有老班章那么霸气,但是我感到很"够味"。所谓"够味"是指味正、韵显、口感饱满,山野气足,入口即化。三帕给我们泡的茶是当年的古树茶,入口极鲜。几杯茶入肚后,我们交谈的气氛便升华到亲如一家。在交谈中三帕的话不多,但是他的笑容始终像他泡的茶一样够味,整个交流过程轻松而愉快。

格朗和哈尼族乡全乡面积312.44平方公里,辖南糯山、苏湖、帕真、帕沙、帕宾五个村委会,76个村民小组,4402户,

可爱的茶乡新一代

17782人，其中哈尼族15356人，占全乡人口总数的86%。帕沙村有五个村民小组，帕沙中寨最大，有200多户人家，几乎家家都种茶。

品过茶，三帕开车带我们去参观古茶园。古茶园分布在寨子附近的半山腰，茶树总面积约3000亩，海拔在1200～2000米之间。寨子周围古茶林环绕，绿荫森森，秀色连云。古树龄在200～500年之间，我们到达三帕家的茶园时，刚巧他的妻子正在古茶树上采茶，五岁的儿子爬在茶树上玩，比猴子还灵活，玩得很开心。真是幸福的茶山一家人。

因为我上次来参加哈尼族朋友的婚礼时就领教了这里的男女都能歌善舞，于是我和三帕开玩笑说："请你也爬到古茶树上去采茶，并且和太太对歌，这样'云南十八怪'就会多一怪。"大家都奇怪我为什么会这么说。我告诉大家，云南十八怪中有一怪"老太太爬树比猴快"。三帕如果和儿子一起也爬到树上采茶，并且和太太对歌，那么云南就有了第十九怪："全家人爬到茶树上秀恩爱"。大家都笑了起来。

在三帕家的茶园玩了一会儿之后，他带我们去看三株最有代表性的古茶树:"茶王""茶后""茶妃"。"帕沙茶树王"是无可争议的"帕沙茶树1号",生长在海拔1753.7米处,树高7.8米,基围粗1.97米,距地面0.45米处分成4枝,干围粗分别为0.79米、0.8米、0.8米、0.9米,树龄约500年,目前归村民飘二家所有。"帕沙古茶树2号"生长在海拔1713米处,树高6.63米,基部围粗1.1米,树幅5.7米×5.1米,树龄约300年,属大叶种。"帕沙古茶树3号"生长在海拔1721米处,树高4.3米,树幅5.7米×5.1米,基部围粗1.6米,树龄也是约300年。古茶树2号、古茶树3号哪一株是"茶后",哪一株是"茶妃",谁也说不清,只知茶王、茶后、茶妃都属栽培型大叶种乔木。

在古茶园问茶时,走在茶林间的红土路上,像是走在红地毯上,这使我回想起2013年到帕沙做客时写的《问茶到帕沙》:

问茶到帕沙!

问茶到帕沙!

茶林中的红土路像红地毯,

通向婚礼殿堂,等待我们出发。

问茶到帕沙!

问茶到帕沙!

我驾万里长风,你披满身彩霞,

那一缕美丽的祥云,是我献给你的婚纱。

问茶到帕沙!

这里，每一株茶树都凝聚了日月精华。

这里，每一片茶叶都吟颂着古老神话。

这里，每粒种子都为美而发芽。

这里，每株小草都为爱而开花。

问茶到帕沙！

我已挽紧了你千年等待的手，

让我们生生世世结合吧！

听，然达（哈尼语"小伙"）已把欢乐的竹笛吹响。

看，米达（哈尼语"姑娘"）捧来了美丽的山花。

父老乡亲唱起了悠远的老调，

与茶结合的婚宴就设在咱哈尼家！

铺着"红地毯"的茶乡之路

第七节 布朗山乡古茶园
——普洱茶王"老班章"

"若没到过布朗山,莫说懂得普洱茶""若没喝过老班章,终是普洱门外汉"。这几乎是普洱茶界的共识。布朗山乡位于勐海县东南部,南部和西部与缅甸接壤,国境线长70.1公里。全乡总面积1016.34平方公里,辖七个村委会,52个村民小组,5549户,19014人,人口密度每平方公里18人,是勐海县最地广人稀的偏远民族乡,但是它却因茶而名扬全国。2018年全乡茶叶总面积为245663亩(含外来企业31342亩),全乡人均拥有茶园面积9.5亩(不含外来企业)。生态茶叶年产量3484.24吨,平均每公斤645.81元;古树茶面积19529.5亩,1093545株,年产量214.8吨,平均每公斤4004.87元;苦茶面积6.3万亩,年产量630吨,平均每公斤200元。

布朗山乡最高海拔2082米,最低海拔535米,高差1547米,属于南亚热带季风气候。这里阳光充足,年平均降雨量1374毫米,植被茂盛,森林覆盖率78%,动植物资源丰富,土地肥沃呈弱酸性,十分宜茶。现存古茶园9505亩,主要分布在老曼峨、老班章、新班章、曼新龙、曼糯、曼囡等寨子,所产的茶有苦茶变种(C.assamica.var.kucha)和甜茶(C.assamica)两大类。最有代表性的寨子是老曼峨、老班章、新班章。

"曼峨"在布朗语中是"芦苇草"的发音，老曼峨现有128户布朗族同胞。布朗族是云南各民族中最早从游猎、游耕跨入农耕文明的民族，老曼峨是布朗族在布朗山建的最古老最大的寨子，据寨内古寺中的石碑记载，建寨时间为傣历纪年元年（683），距今已有1300百多年的悠久历史。云南茶文化学者认为布朗族是云南最早种茶的民族，研究云南茶史要从研究布朗族开始。著名的茶文化学者詹英佩认为：老曼峨的古老茶园是西双版纳最具考察价值的古老茶园，面积大且连片，年代排列齐全，是濮人种茶的历史档案馆。考察布朗山古茶园，自然不可缺少老曼峨。

老曼峨现存古茶园3205.5亩，分别在寨子四周海拔1300米左右的森林中，现有古茶树330167株，平均每亩103株，长势旺盛。树形千姿百态，有的英姿挺拔，有的古老苍劲。树龄差别很大，200年以上的古茶树很多，唐、宋、元、明、清各个朝代种植的都有，这些古茶树主干有的只有碗口粗，有的两人合抱都抱不拢，有的枝干遒劲，有的葱茏挺拔，有的亭亭玉立，有的疏枝横斜。因为这里的古茶树年代各异，各具形态，琳琅满目，被茶人誉为"历代古茶树的活体陈列馆"，很有教学、科考价值。

老曼峨古茶园最有代表性的植株"老曼峨古茶树1号"属于普洱茶种，乔木大叶类，生长于寨子对面山坡上海拔1350米处，树姿直立，高7.8米，树幅5.9米×5米，基部围粗1.2米，最大干围1.14米，树龄达300多年。另外，老曼峨有新茶园

852亩,若上门购茶,要注意鉴别是古树茶还是新茶园生产的台地茶。现在大益茶厂、陈升茶厂、七彩云南等多家中国茶业百强企业在布朗山都有生产基地。

云南普洱茶最有名的是老班章,有班章为王,冰岛为后或班章为王,易武为后之说。"班章"是傣语,有三种不同的解释:第一种是"桂花飘香的地方";第二种是"能养鱼的地方"。第三种,也有人认为应当译为"山箐"即"山中大竹林"。我个人喜欢第一种说法,因为取地名不仅要根据当地的民俗或传说,而且要有前瞻性,要突出审美和人文追求。在对这三种不同说法取舍时,我个人认为"桂花飘香的地方"最美,最富有诗意,也最适合茶产业与旅游观光相结合的发展方

向。将来在茶园升级改造时，在茶林中的间隙多种一些金桂、丹桂、四季桂、八月桂等，既可以美化茶园的生态环境，又可以用桂花与茶加工成老班章桂花茶，这种创新茶一定会受年轻人和外国朋友的追捧。

因为老班章的名气最大，我探访老班章已不下十次，这一次由勐海县社科联专职副主席冯润安、勐海县摄影家协会主席佐连江及我的助理赵晓楠陪同，接待我们的是老班章党支部宣传委员、民兵副排长杨进华。

佛教讲缘，中国茶道也讲缘。这次到老班章采访让我再一次体会到所有出现在你身边的人都是有缘人。在去老班章之前，我们一行人先采访了贺开古茶园，村领导安排我们去附近的"打布古茶坊"品今年的好茶，没想到走进去一看，打布古茶坊的老板刘志荣竟然是曾经专程去西安六如茶文化研究院看望过我的微信好友。我们几年没有联系了，这次不期而会，自然十分欣喜。刘老板把压箱底的好茶都搬了出来，让他的太太打布亲自泡给我们喝，直到喝通喝透了才送我们离开。到了老班章，第一件事自然是被杨进华请到他家去喝今年的老班章。杨进华说喝过茶就带我们去拜"茶树王"。于是我从手机调出当年来参加茶王赛时和接待人员一起在"茶树王"下的合影给他看，他一看就笑了，说："合影中站在你身边的这两个人，一个是我妹妹，一个是我中学的同学。"这世界真的是无巧不成书，事事讲缘分。有了这个小插曲，我们成了一见如故的茶友，一路上话就多了起来。

老班章、新班章是属于布朗山乡班章村委会的两个村民小组，原本是从南糯山搬迁过来的一个寨子，后来一分为二，生活的都是哈尼族同胞。哈尼族是擅长种茶制茶的民族，班章古茶园是哈尼族在布朗山管护得最好的一片古茶园，总面积5865亩，其中老班章4485亩，新班章1380亩，属于苦茶变种（C. asamia.var.kucha）和普洱茶种（C.assamica），分布在寨子周围及附近海拔1700~1800米的森林中。平均每亩125株，老班章古茶园茶树的树龄多数在200年以上。代表性植株班章古茶树1号，属于普洱茶种（C.assamica），生长在海拔1760米处的茶园中。该植株为树型乔木，树姿直立，树高8.1米，树冠直径7.1米，基部围粗1.75米，最大干围（距地面0.45米）1.5米，树龄约300年。另外，老班章有新茶园720亩，新班章有新茶园310亩。

老班章的大树茶因香气高锐，滋味浓郁，苦涩之后化得快，回甘生津强烈而持久，杯底留香悠长，

老班章茶皇后

山野气韵强劲,广州茶客习惯称之为"霸气",因而被誉为普洱茶之王。其晒青毛茶价格比其他茶山同等茶叶高出几倍乃至几十倍仍然供不应求。讲到"霸气"就联想到"勐海味",这里不得不啰唆几句。

茶人都知道"茶听不懂,看不懂,只有喝了才能喝懂"。普洱茶是最难喝懂的茶类。品饮其他茶类讲究色香味,最多再加一个"韵"。这些指标都可以通过感觉器官体验,但是在品饮普洱茶时,我们还要特别强调茶气和水性的变化。中国传统文化艺术讲究"精、气、神",不少普洱茶专家都把"茶气"视为评价普洱茶品质优劣的重要指标。但是"茶气"看不见,摸不着,也讲不清,如果不得要领,即使亲身品饮了仍然是不甚了了。为了感受普洱茶的"茶气",我们提倡普洱茶最宜温饮静品。所谓的"温饮"是指茶汤宜掌握在50℃~60℃之间,不宜太热,也不宜太冷。如果太热,则热气盖过茶气,喝得满头大汗,根本无心去感受茶气。如果茶汤太冷,茶气荡然无存,冷冰冰的茶水喝到口中唯觉凉爽而已,无论如何也找不到那种舌底鸣泉,腋下生风,飘然欲仙的感觉。"静品"也很重要,中国气功讲究"以意行气",品普洱茶亦是如此。可以说,如果没有"气的意念",你永远也找不到气的感觉。有经验的普洱茶品饮者都善于"以意行气"。在静心品饮温热的普洱茶后,很快会感到一股热气在胃肠中鼓荡,接着毛孔随之而舒张,背上微微出汗,茶人称之为"喝通喝透"。这时我们可用意念引导茶气在体内运行,并继续从容不迫地喝茶,这样就能体会到卢仝在《七碗茶歌》中所描写的那种:一碗喉吻润,

上篇 勐海茶

二碗破孤闷,三碗搜枯肠,唯有文字五千卷。四碗发轻汗,平生不平事,尽向毛孔散。五碗肌骨轻,六碗通仙灵,七碗吃不得也,唯觉两腋习习轻风生那种无比美妙的意境。以下和大家分享我两次在老班章的原产地,与老班章品鉴专家一起喝老班章时对"霸气"的体会。

一次是2016年10月8日,有缘和云南省五位著名的普洱茶专家一起品鉴评价陈升号老班章。这五位专家是曾云荣研究员、汪云刚研究员、王平盛研究员、原省质检处长许琨研究员、勐海陈升茶业有限公司总经理陈柳滨。品鉴评价时严格执行国家质量标准,按八因子法对每一项指标打分并写出评语。陈升号老班章实在是难得的顶级好茶。饼形饱满、端正、松紧适中、周边圆滑、厚薄匀称,色泽墨绿油润、条索肥壮显毫、不起面、不掉渣,开汤后汤色黄绿明亮,香气纯正馥郁、悠长持久,水面香沁心、杯底香优雅,滋味浓强醇厚,口感

老班章古山园

● 美好的回忆——多年前茶王树下的合影

饱满，回甘强烈持久富有层次感，品后不久便满口生津、舌底鸣泉，我越品越爱，结果打了98.4分，各位专家的总平均分是97.8分。有趣的是陈柳滨总经理给自家的茶打的分数最低，只打了96.5分，可见他对自己的产品要求极为严格。正式评完茶后大家意犹未尽，相互交流体会，又用周红杰教授总结出的普洱茶评鉴法再次品鉴：头泡三分钟、第二泡两分钟、第三泡五分钟，三泡都好喝的才称得上好茶。结果陈升号老班章不仅三泡都好喝，而且越喝越好喝。我感觉交流的过程非常重要，自己个人的感觉都有局限性，通过和高手坦诚交流才能加深对茶气的认识。

另一次也是在 2016 年 10 月，我和茶叶审评专家郭粤茗老师带领茶道养生游学班到勐海游学。品饮正宗老班章是每一个爱好普洱茶人士的奢望，到老班章的原产地品饮纯正的老班章，更是爱茶人士的梦想。那一届普洱茶养生游学班的学员都实现了心中的梦想。中午在老班章村陈升茶厂由国家高级茶艺技师、一级评茶师、西安六如茶文化培训中心主任郭粤茗为大家冲泡老班章毛茶，边品茶边交流，相互启发，使学员们对老班章的"霸气"有了初步感受。为了加深印象，回到勐海之后，我们又组织学员在陈升茶厂的接待大厅品饮不同年份的老班章精制茶，由陈升号营销总监陈少燕亲自答疑解惑。通过多次用心品饮，反复对比，并且相互交流，那一届学员们对老班章都有了比较深刻的感性认知。参加这样的教学实践，老师和学员都很开心。时值金秋十月，于是我趁热打铁，送给大家一首《金秋云南问茶》委托大家回去帮助宣传，让更多的人爱上云南，吸引更多的人到云南体验问茶之旅的乐趣。

    十月的云南，蓝天是彩云的花房。
    十月的云南，谷花茶在向你召唤。
    十月的云南，奇瓜异果等你来采。
    十月的云南，各种菌类等你来尝。
      来吧，朋友！
     带着心儿到原始茶林散步，
      让丢失的灵魂慢慢跟上。
      来吧，朋友！

告别烦恼和紧张,
问茶之旅只与童心相伴。
清晨,去亲一亲茶芽上的露珠,
体验初吻时狂情夺魄的惊喜。
晚上,去窥探澜沧江中的明月,
看是否和沐浴的阿妹一样漂亮。
来吧,朋友!
来参加问茶之旅,
来体验以茶康养新时尚。
来吧,朋友!
把梦的种子种在这诗意的远方,
带回康乐的果实终身相伴!

要想进班章,先干三杯酒

上篇 勐海茶

勐巴拉夕阳无限好

第八节 勐巴拉
——万邦来朝的茶文化圣地

  勐巴拉是一个风情万种，美到极致的地方。有的人把她称为"神奇美丽的人间乐土"，我则喜欢她的另一个名字："万邦来朝的茶文化圣地"。她的全称是勐巴拉国际旅游度假区。度假区距勐海县城约3公里，距景洪市区37公里，这里海拔1200米，这样的海拔高度是经典的宜居海拔高度，年平均温度18.7℃，冬无严寒，夏无酷暑。这里有17.5万亩恒春雨林，

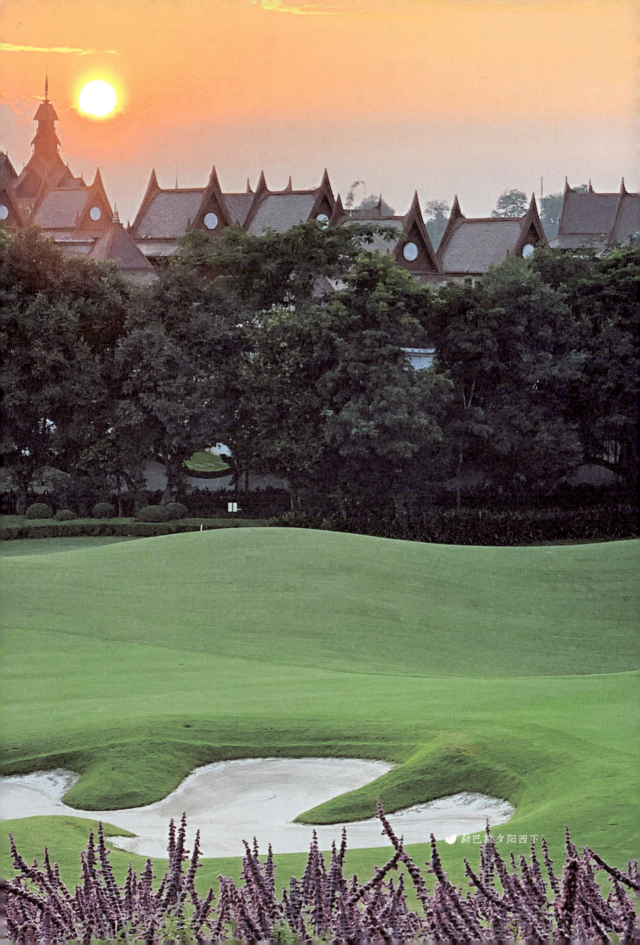

勐巴拉夕阳西下

5000亩林中茶园，2543亩天然湖泊，有水温常年保持在67℃的富硒温泉，每立方厘米空气中含3000多个负氧离子，是名副其实的天然氧吧。作为茶文化旅游康养胜地，这里的自然环境得天独厚，一切卓然天成，美得超出了梦想，来这里令人如痴如醉，回去后令人魂牵梦萦。

勐巴拉的规划是高人的杰作，大师们富有远见地根据"未来20年，将是中国文化旅游康养产业发展的黄金20年"，策划出"5G+茶旅+文旅+康旅"四位一体的全新发展模式。基于勐巴拉建在世界茶树的发源地——中国普洱茶第一县勐海县，所以在勐巴拉三个小镇的建设中，茶和茶文化都受到高度重视，处处弥漫着茶的芬芳。这里不但依托崇山峻岭、雨林峡谷、温泉水系、民俗体验、边寨风情、美食文化等策划出了多姿多彩的徒步旅行、户外露营、茶林探趣、水上运动等养生康体活动，而且十分重视发挥雅俗共赏的茶道文化、多姿多彩的民俗文化、澡雪心灵的宗教文化。引导游客修身养性、陶冶情操，增进游客身心健康。整个度假区包括勐巴拉雨林小镇，勐巴拉普洱茶小镇，世界级康养小镇三个部分。

一、勐巴拉雨林小镇

在勐巴拉雨林小镇的规划中茶文化占有重要地位，规划专门设计了茶岭访云、野茶园、一期一会、草坪茶会、茶文化名墅、茶养生公寓。在旅游购物中心特产店中，茶和茶文化也大有拓展空间。我是个从来不辜负美食的人，因此对这里茶与餐相结合的项目特别感兴趣，例如全景餐厅的傣族、布朗族、拉祜族、哈尼族的茶饮体验，斗鸡楼丽江茶餐厅的马帮茶和配套的茶餐等。在住宿方面，这个小镇不仅有不同档次不同风格的酒店，如五星级的悦椿温泉度假酒店、泽栖艺术帐篷酒店，而且还配置了莞昌隆茶墅——勐海茶文化主题精品民宿、金链养生主题公寓，悦椿茶修花修书修会馆等。得天独厚的环境、丰富多彩的内容、完备的配套，国际标准和民旅特色再加热带雨

林风情，使勐巴拉雨林小镇入选为云南省21个示范特色小镇之一，成为中国特色小镇的一颗明珠。在户外活动方面，这里规划了茶山茶寨自由行、茶马古道骑马行、采茶制茶体验园等项目，这些项目都迎合了大众兴趣，若经营得当一定也会大受欢迎。

勐巴拉雨林小镇中还有六国风情小寨、勐巴拉高尔夫球会、梵天花海、勐巴拉雨林灯光秀、帕雅真文化广场、孔雀公主爱情公园、民族特色村寨、民宿客栈群、非遗文创集市、民族风情美食酒吧街、孔雀放飞园，以及世界一流的低空飞行旅游项目，这些项目使勐巴拉雨林小镇有足够的吸引力，能吸引众多文化旅游企业、康养企业、娱乐企业、茶文化企业来同谱华章，共创伟业，共同促进文旅结合、茶旅互补、传统茶道养生与现代康养业相拥共舞，一同实现休闲娱乐业绝妙的华丽转身。

二、勐巴拉普洱茶小镇

勐巴拉普洱茶小镇，以"中国普洱茶第一县"为基础，依托世界难得一见的万亩连片古茶园，加上多姿多彩的民族茶文化，准备全力打造"全球茶旅产业地标"。勐海县委、县政府的领导很有远见卓识，他们在制订规划时就深刻分析了旅游业、康养业、茶产业的发展趋势，高瞻远瞩认清了发展前景，融入云南省"千亿云茶"战略，高举"绿色食品"品牌，因此

勐巴拉露营地

吸引了世界各地有远见卓识的专家、收藏家、企业家到勐海来和政府同心协力，在"中国普洱茶第一县"的金招牌下，突出"勐海茶 勐海味 勐海情"，打造普洱茶产业综合大平台。为此，度假区制订了长远规划，雄心勃勃地要缔造"世界茶人的朝圣地"。

按照规划普洱茶小镇包括全产业链观光区、特色餐饮区、娱乐休闲区、风情购物区、生活旅居区、全产业链观光茶厂、普洱茶种植园、普洱茶技术研究所、普洱茶制作基地、交易中心、普洱茶名企会所、历朝历代普洱茶产品展览馆、普洱茶学堂、茶道体验馆等。此外，还包括线上产业集成、云茶大成、世界茶图、茶人会所等。

然而，普洱茶小镇的规划虽然很全面，内容多姿多彩，但是我却看不出重点，更看不出哪一个项目能吸引"世界茶人来朝圣"。从2016年国家提出发展特色小镇以来，全国各地各种特色小镇纷纷上马，但是时过不久就发现有问题。国家公布的头两批403个全国特色小镇、96个全国运动休闲特色小镇，从实际经营的情况看失败的教训多于成功的经验。2018年3月，国家发改委正式发文对已公布的特色小镇"开展严格测评，优胜劣汰"。结果大部分特色小镇都"及时止损"，面临被淘汰的危机。例如成都龙潭水乡和仙坊民俗文化村、浙江余姚模客小镇、杨店卓尔小镇、陕西白鹿原民俗文化村、常德德国小镇、江苏常州杨桥古镇、宜昌市龙泉铺古镇、咸阳东黄小镇，等等。这些特色小镇开张时无不是轰轰烈烈，名动天下，结果都是好景不长，很快就落得惨淡经营，苟延残喘。

我之所以担心普洱茶小镇将来的经营难度大，主要有三个原因。

其一，策划的项目缺乏市场定位，即没有明确的目标市场。从经营的角度讲，什么人的生意都想做，往往什么人的生意都很难做好。

其二，策划的项目太庞杂，看不出重点、亮点、热点。建议设身处地，换位思考做一次筛选：如果是自己带着家人不远千里,甚至不远万里来到普洱茶小镇,我们会不会去消费这个项目?如果自己都没兴趣消费的项目就一定要忍痛割爱。

其三,也是最主要的一点。从目前的规划看,能吸引世界茶人来朝圣的项目有哪几个?人常说"山不在高,有仙则名。水不在深,有龙则灵"。勐巴拉普洱茶小镇要缔造成"世界茶人的朝圣之地",不仅要看硬件,更要看软件,最根本的要看这里有没有能和世界各国茶人开展深度交流的专家团队,有没有能让国内茶人高山仰止的泰斗级专家。既然要实现吸引世界各国茶界"万邦来朝"的远大目标,那么从一开始就要做好"请仙""引龙"工作。

对于勐巴拉雨林小镇的茶旅游,因为我亲自体验过,所以很有信心。2019年我到勐海参加茶王节,住在悦椿温泉国际度假酒店。无论是坐在酒店庭院的温泉边,还是坐在客房的阳台上品茶观景,都有其他地方无法比拟的乐趣。策划书中推荐游客到勐巴拉雨林小镇观景,最好是"春探繁花,夏看流萤,秋赏浮云,冬看迷雾"。当时的时令是秋天,我这个茶痴还真的傻乎乎地按照

宣传单中介绍的那样，闲着没事时去品茗赏云。我属猪，所以那一天特地泡了一保温杯陈升号生产的猪年普洱茶，在夕阳西下时坐在高尔夫球场湖滨的草地上边品茶边看云。

云南的云实在太美了，当我躺在勐巴拉湖滨芳草如茵的草地上观察云的世界时，我觉得云南的云彩之美，美在灵秀，美在神韵，美在极富情感，美在她们总是那么率性任真的表现自我：时而像雪山圣峰，昂头独自沉思，时而像白衣仙女，在蓝天之上翩翩起舞。

白云爱太阳，但是它仅为太阳擦一把汗，就轻轻地挥手道别，从来不作依附的媚态；白云爱月亮，但是它总是耐心地等待月亮东升，结伴同游于寂静的夜空，从来不想非分占有。

白云是自由的。无论云舒云卷，都全然发自心性，毫不造作；无论是云聚云散，都是那么洒脱，那么了无牵挂。

白云是高洁的。无论是物换星移，白云苍狗，它永远魂系蓝天，追求光明；无论是伴着彩虹流霞，还寂寞地独自漂泊，它都不会忘记自己的责任。

白云了悟佛性。它千变万化，演绎着永恒的主题——化作雨露去润泽干涸的大地。当花一样美的云扑向大地母亲的怀抱，当大地得到雨水的滋润，开出云一样美丽的花，白云就实现了一次生命的轮回，就得到了一次性灵的升华。白云就是这样，在永无休止的生命轮回中，维系着蓝天的辉煌，造就着大地的壮美。在勐巴拉住了几天，富有灵性的勐巴拉白云给了我启迪——要做一个像白云一样自在洒脱，了无牵挂的人。

第九节 打洛镇与勐景来
——中缅第一寨，桃花源里飘茶香

"打洛"是傣语的地名，意为"多民族共居的渡口"。打洛镇位于勐海县的西南部，东南是布朗山，西南和西部与缅甸接壤，国境线长36.5公里，打洛口岸是我国通往东南亚的一扇大门，设有武警边防站。

🍃 勐景来风光

打洛镇并非勐海县普洱茶的主产区，2018年全镇的茶园面积仅有10677亩，干毛茶产量只有621吨，但是其在茶文化方面占有十分重要的地位。

其一，打洛口岸边贸历史悠久，早在明清时期这里就是茶叶外销的一个重要枢纽，至今仍然可以在这里体验到民国时期的茶风茶俗。

其二，打洛镇曼夕古茶山有一定的茶旅游开发价值。打洛镇的古茶林仅有594亩，属于普洱茶种，分布在曼夕村委会老曼夕布朗族村寨子周围风景林中，生态环境良好。代表性茶树曼夕古茶树1号生长在海拔1600米的玉章坎家茶园中，属小乔木型，树姿开张，树高8.4米，基部径围2.06米，最低分枝0.49米，叶长16.8～21.2厘米，宽6.1～6.5厘米，属于大叶种，估计树龄600年以上，树的长势衰弱，长满了寄生、附生植物，显得十分苍老，很有教学科研价值和旅游观赏价值，需要精心加强保护。

其三，勐景来是以民族宗教文化、农耕文明、热带风情以及边寨探秘为特色的国家AAA级旅游景区，这里有香莲主屋酒店，有金碧辉煌的佛寺和佛教塔林，有独木成林的奇景，在这里大家可以体验到现代文明与农耕文明巧妙融合之后给人带来的身心享受。

2018年11月，我带领全国茗星茶艺师大赛十八个分赛区的冠军到勐海游学，24日晚住在香莲主屋。香莲主屋是按照国际轻奢酒店标准建造的以莲花为主题的养生度假酒店。取名"主屋"是强调客人一入住，酒店的服务就必须把客人当作主人,让客人有"反客为主"的感觉。香莲主屋从各方面为"主人"提供管家式的服务,令人无比惬意。住在这里的享受是大都市五星级酒店所无法比拟的。

我非常喜欢香莲主屋的装修格调和外部环境,这里的装修并不豪华,但是温馨、简洁、舒适、高雅。窗外阳台下是大面积的荷花池,池里种满了从北美洲引进的不同品种的香水睡莲。在酒店外的路边和酒店的大堂,到处都点缀着盆栽荷花。虽然经过一天的奔波相当累了,但是我毫无睡意,取出带来的武夷山大红袍冲泡好后,听着打洛镇的镇歌,隔窗与睡莲对饮,自我陶醉了一会儿,然后枕着睡莲的清香和大红袍的岩韵入梦。第二天我早早起床,在一楼的餐厅买了一朵睡莲花,用睡莲冲泡滇红,服务员为我点了一只红蜡烛,吃了一餐"烛光早餐"。

天亮之后,我陪同王崇兰副主席带领选手们去"中缅第一寨"勐景来。勐景来是傣语,意为"龙的寨子",有1300多年

塔林

荷花池环绕的酒店

的历史,是云南旅游业推荐的十大必到景点之一,我去了之后觉得这是我见过的最美的傣寨,也是我最喜爱的民俗风情点。说她最美,因为她美的真实,美在原汁原味地保持了傣族的民族特色。我之所以最喜爱她,因为她完全不是为游客而建造的

中缅第一寨

假古董,而是每一户人家都依然按照祖祖辈辈的习俗住在傣族民居中,过着他们前辈所过的生活,一切都保持了地地道道的傣族风情。在这里生活的短暂时光里,我真切体验到了傣族同胞在日常生活中都自然而然、恰如其分地表现出了中国茶道的四谛:和、静、怡、真。

一走进勐景来寨子的大门，便好像穿越了时光隧道，走进了一个世外桃源。傣族人特别爱干净，特别爱美，在洁净如洗的街道两旁，傣家的干栏式木楼各呈风采。木楼的高矮、新旧、风格虽然不同，但周围都簇拥着热带花木，屋檐下和阳台上都摆着以兰花为主的多种花卉，令人目不暇接，美不胜收。在这祥和宁静的寨子里，有的人在手工制陶，有的人在用纺车织锦，有的人在用传统工艺榨甘蔗汁熬糖，有的打铁，有的炒米，有的制傣纸，有的做竹编，有的出售各种特色小吃和奇珍异果。一切都可以靠近随意观赏，但是千万别以为他们是在表演，他们是在传承世世代代的祖传手艺，这些工作就是他们的日常生活。这里的人都真诚朴实，如果你善于和他们沟通，他们会引领你的心穿越时空，回到农耕文明时代。

独树成林

因为我之前曾来过勐景来两次，对这个寨子已相当熟悉，所以在安排茶艺师们分组活动之后，我和勐海县政协副主席王崇兰女士一起，随意到一家傣族老乡家去喝茶。喝过茶，王崇兰去指导选手们体验生活，我看时间还早，就独自一人毫无目的地信步闲逛。在朴实到近乎原始，美丽宁静得像世外桃源一样的勐景来中去邂逅美丽。

勐景来有"独树成林"的奇景，这是一棵巨大榕树形成的旅游景点，大榕树树龄已900多年，树高70多米，主干布满无数根系，纵穿而下，紧紧抓住大地。树的主枝干上又垂下了一根根似根似枝的树根，深深扎入泥土之中，形成盘根错节的硕大整体，使得这棵大榕树占地120平方米，虽历经数百年的风雨剥蚀，至今依然枝繁叶茂，生机盎然，宛如一片小森林。这个景区内还有许多其他地方难得一见的景观，例如中缅219号界碑、中国远征军抗日战场遗址、民族歌舞表演场、胶林消暑园、中缅贸易商场、中缅友谊桥和水上娱乐城等。令我意外的是这里还住有原本生活在泰国北部与缅甸边界的喀伦族长颈美女。

找一个清静幽美之地闲逛是现代人极奢侈的生活享受。看到美丽的云彩在蓝天上自由自在地漂浮，我想要驾云翱翔。看到奇特的参天古树，我会围着古树绕行几圈还舍不得走。遇见特别美的地方，我就掏出手机拍几张照片。心静了，看什么都美不胜收。心闲了，看什么都充满诗情画意。人的心虚静空灵了，往往会邂逅到意想不到的美丽。那天下午我独自闲逛了近三个小时，最终在中缅界河边的一片小树林里，邂逅了夕阳与绿叶缠绵的美丽黄昏。

小树林很小，但是植物品种繁多，有高大的乔木，有浓密的灌木，有苍劲的香樟，有柔蔓的爬藤，树荫下顽强地萌发着芳草，草丛中盛开着野花，老树上寄生着蕨类和苔藓，千百年以来，这些生命不分强弱都聚在这里，相互依存，生生不息。大自然用无声的语言在告诉人类什么是生态和谐，什么是共生共荣。

小树林清幽但并不寂静。从打洛江的江面吹来一阵阵微风，如神话中的乐神九幽素女用芊芊玉手撩拨树叶，于是大榕树、香樟树、菩提树、红豆树、相思树以及鸡蛋花、三角梅、美人蕉等都发出美妙的声音，整座树林奏响了生命交响曲。我忘记了一切，聆听着鸟啼虫鸣，聆听着叶落花开，大自然的天籁纯粹、清丽、透彻，像清泉一样洗涤着我的心。我懒洋洋地躺到草地上，呼吸着泥土的芬芳，小草的清香和苔藓的气息，任夕阳透过树叶，吻遍我的全身。我忍不住思考我究竟是谁，是工人？军人？商人？不是！是诗人？是茶人？是领导人？还是其他什么人？也都不是。我就是我！是舍弃了冠在"人"字之前的一切定语，只留下简简单单的一撇一捺，做一个简简单单的我，顶天立地，去享受生命本初那最纯真的快乐，绽放出人生自然的风采。

令我觉得更有趣的是在小树林旁边的小路上，有时会走过牧归的黄牛。牛脖子上都吊着一颗小铃，或是铜铸的，或是竹简做的，随着牛的走动，叮叮咚咚，叮咚叮咚，响得那么悠然自得，响得那么扣人心弦，简直比寺庙的晨钟更富禅意。牛铃与寺钟哪一个更能启迪佛性？佛祖没有说。不过只要你有慧根，来到勐景来一定能参透这个谜，顿悟生命的本真。

第十节 其他乡镇的茶园
——八仙过海，各显神通

茶产业是勐海县的传统支柱产业，是茶农致富求发展的绿色产业，在贯彻落实县委、县政府建设《中国普洱茶第一县》规划纲要方面，各个乡镇和广大茶农的积极性都很高，他们八仙过海，各显神通，创造了许多值得推广的经验。

一、勐海镇——近水楼台先得月

勐海镇地处勐海县县城周边，交通方便，客流量大，信息灵通，辖区内有云南省农业科学院茶叶究所，在茶叶科技方面有近水楼台的有利条件。镇里各部门根据县委、县政府关于打造"中国普洱茶第一县"的战略目标，茶产业的发展按照规模化、标准化、良种化的要求，利用现代农业综合管理技术，在保护管理好现存古茶园的基础上，加强对生态茶园的建设和转换工作，大力发展有机茶。在加快标准化茶园建设的基础上，主抓茶叶的品质，以高产、优质、高效为目标扶优扶强。例如，大力扶持改进普洱茶制茶工艺的同时，开发红茶白茶等新

◆倚邦公主李宝儿演示现代茶艺

产品,生产出性价比高的优质茶。另一方面组织相关人员收集梳理僾尼族制茶饮茶的有关资料,致力打造僾尼族茶文化体验中心,带动村民把茶文化和茶叶经营相结合,更好地促进茶叶销售,提升经济效益,创造更多的就业机会。镇里始终坚持引导茶农牢固树立靠技术提升品质，靠品质提升价值的理念，加强科技致富，技能创业的意识。

经过多年努力，勐海镇的茶产业走上了快车道，正在不断加速发展。2011年全镇茶园面积32878亩，2019年茶园面积71465.1亩，是2011年的2.17倍；2011年生产干毛茶1839.1吨，2019年生产干毛茶产量2951吨，是2011年的1.6倍；2011年茶叶产值2390.8万元。2019年产值4426.5万元，增长了2035.7万元。全镇2011年人均茶叶收入263.25元，2019年人均茶叶收入630元，增加了366.75元，是2011年的2.39倍。2011年全镇户均茶叶收入1287元，2019年户均茶叶收入3150元，比2011年增加了1863元，是2011年的2.45倍。

二、勐阿镇

勐阿是傣语地名，意为"沸水落滚的坝子"。勐阿镇位于勐海县北部，镇政府距县城30公里，国土面积538.77平方公里，辖曼迈、嘎赛、南郎河、勐康、纳京、纳丙、贺建七个行政村，59个自然村，71个村民小组。勐阿镇是勐海县最大的拉祜族聚居区，有拉祜族人口10427人，占全镇民族人口的50.38%。勐阿镇主产粮食、甘蔗、茶。茶叶面积4.9万亩，其中古茶园面积774亩，分布在嘎赛村委会城子村海拔1110~1130米地带，属于普洱茶种，树龄为100~200年，勐阿镇的古茶园面积虽然不大，却是一个国家级生态镇，属于亚热带气候，年

美丽的茶香村寨

平均气温18.9℃,森林覆盖率达68.59%,年降雨量1353.7毫米,土壤为赤红土壤,发展茶产业的潜力很大。

近年来,在县委、县政府的正确领导下,勐阿镇目前抓紧贯彻落实"生态立镇,农业稳镇,产业活镇,科教兴镇,依法治镇"的发展战略,全力推动"中国普洱茶第一县"的建设,使勐阿镇茶产业走上了健康发展的快车道。镇里成立了专门的机构,实行主要领导亲自抓,分管领导具体抓,工作人员驻村组织实施的工作格局。他们制订规划深入宣传,结合实际突出重点,根据县里下达的任务,统筹资源,科学布局,抓好生态茶园建设,重点抓好茶叶种植的重点区域,通过样板茶园的示范带头作用,先易后难,循序渐进,取得了显著成绩。2019年全镇茶园面积是2011年的1.65倍,从3万亩发展到4.95万亩,干毛茶产量从900吨发展到2396.79吨,是2011年的2.66倍。产值从450万元发展到6600万元,是2011年的14.67倍。

三、勐满镇古茶园

勐满镇位于勐海县西北部,距县城56公里,全镇海拔838~2192米,年平均气温19.9℃,年降雨量1357毫米,属于南亚热带气候,目前全镇茶园总面积37077亩,其中包含古茶园1550亩。古茶园分布在关双村关双小组800亩,城子村坝老傣族村民小组500亩,帕迎村中下纳包小组150亩,南达村

满载而归——采茶归来

勐囧小组 100 亩。

关双村是勐海县"一村一品"专业村的示范点。以下对现有基础条件、主要建设内容、发展目标三个方面做简要介绍：

1. 现有基础条件：茶园的平均海拔 1350 米，年降雨量 1300 毫米，森林覆盖率高达 90%。全村农业人口 744 户共 3098 人。耕地面积 9337.5 亩，其中茶园面积 4402 亩，可采摘面积 4337 亩，2019 年干毛茶产量 138784 公斤，均为绿茶，生态茶园面积 1728 亩，产量 51840 公斤。现存古茶园 800 亩，茶叶加工初制所 101 家。

2. 主要建设内容：清洁化加工设备引进、绿色防控技术、有机肥替代化肥、推广标准化茶园管理和标准化茶叶加工等。

3. 发展目标：引导农户扩大茶园种植面积，要求达到占总耕地面积的 50% 以上。进一步发动农户创建生态茶园，要求占茶园总面积的 80% 左右。初制所改造的重点是加快清洁化加工设备引进，通过培训农户掌握标准化茶园管理，提升茶叶加工等技能。

四、勐遮镇古茶园

勐遮镇地处勐海县中部偏西，镇政府驻勐遮街，距县城 23 公里。国土面积 488.45 平方公里，辖 13 个行政村，常住人口 57852 人（2017 年），是傣族、拉祜族、哈尼族、布朗族、佤族和汉族和睦共居的一方乐土。勐遮是傣语，意为"水浸泡过的平坝"。这片平坝面积共23万亩，是西双版纳州内最大的平坝，其中耕地面积104843亩，水田75982亩，被誉为滇南米粮仓，主产水稻、茶叶、甘蔗。

我到勐遮镇考察过两次，第一次是2019年10月31日，由勐海县宣传部副部长李想女士陪我和徒弟王世情调研了两个傣寨，其中勐遮镇曼恩村委会曼拉小组美得令我们赞叹不已。村子环境优美，规划布局合理，房前屋后繁花似锦，房里屋外洁净到无可挑剔，更重要的是村民严格遵守乡规民约，大家相亲相爱，亲邻相帮，如生活在世外桃源。村民小组长岩温龙每月只领200元工资却不辞劳苦，带领乡亲们创业致富，这样的村子我在其他地方很少看到过。

第二次是2020年4月25日，由勐海县社科联主任冯润安和勐海摄影家协会会长佐连江陪同，在与西定乡章朗村委会党总支书记岩胆南，党总支委员岩应动，监督委员会主任岩章往，驻村工作队长罗振阳，西定乡党委组织委员依香约品茗聊天中了解到，勐遮镇现有茶园面积14885亩，在全镇农业生产中占有举足轻重的地位，现存古茶园495亩，主要分布在曼岭村委会和南楞村委会南列村民小组。其中曼岭大寨是一个有400多人的布朗族寨子，现存古茶树150亩，南列村民小组是一个600多人的哈尼族寨子，现有古茶园345亩，两地的古茶树均属于普洱茶种，树龄为100~200年，长势良好。

勐遮镇有很好的茶旅资源，如景真八角亭，坐落在勐遮镇景真村内，是当地著名的古老佛寺建筑，1988年1月15日经国务院批准为国家级文物保护单位。又如坐落在曼恩村委会曼短村的曼短佛寺，始建于公元950年，重建于清乾隆六年（1741），1993年11月被公布为云南省重点文物保护单位。再如曼垒母子塔、曼宰竜佛寺壁画、勐邦水库等地也都是很值得一游的景点。勐邦水库建成于1960年4月，总库容2493.83万立方米，库区上游有一个美丽的傣族村寨——勐邦寨。著名作家冯牧在他的散文《湖光山色之间》中把勐邦水库描绘成童话故事中的"天鹅湖"，我就权且把勐遮镇的茶园称为天鹅湖畔的茶园吧！

景真八角亭

中篇 勐海味

雪明軒　六首之二

端風過細聞
香一甌洗得
双瞳熟飽歡
菖溪雲水鄉
窺班

茗雲夢間奇
湥不蒙浮煙
誰衡溪栖逢
叱唯亳
渇頴

睡起山齋渇思
長呼童剪茗滌
枯腸軟塵落磑
龍團綠活水翻
鐺蟹眼黃耳底

第一节　勐海味的物质基础

勐海味是指人体感觉器官对勐海茶色、香、味、韵的综合反映，其物质基础是茶叶中的各种化学成分。学习茶叶中的化学成分非常重要，因为只有了解了茶叶色香味韵的物质基础，在审评茶叶时才能既知其然，又知其所以然，并且可以应用这些理化知识提高茶艺水平，通过精湛的茶艺来充分展示勐海味。

一、茶叶色泽的物质基础

色泽是茶叶品质的外观表现。不同的茶叶样本，因为茶树品种不同，采摘的茶青老嫩程度不同，加工工艺不同，存放的时间不同，会呈现出不同的色泽。普洱熟茶还会因为发酵的主体微生物不同，发酵时茶堆的温度湿度不同，发酵的程度不同，从而表现出不同的颜色。观察茶叶的色泽是衡量品质的直观因素之一，审评茶叶时要观察干茶的色泽、茶汤的色泽和叶底的色泽三个方面。这三个方面的色泽都是由茶叶中所含的色素成分决定的。

茶叶中的色素包括脂溶性色素和水溶性色素两类，总含量

嫩绿的鲜叶

约占干物质的 1% 左右。脂溶性色素不溶于水,有叶绿素 a、叶绿素 b、叶黄素和胡萝卜素等。水溶性色素溶于水,有黄酮类物质、花青素、茶黄素、茶红素、茶褐素等。脂溶性色素是形成干茶色泽和叶底色泽的主要物质。例如"生普洱茶"干茶的色泽主要是由叶绿素和某些黄酮类化合物的比例决定的。叶绿素 a 呈深绿色,叶绿素 b 呈黄绿色,嫩芽中叶绿素 b 含量较高,所以干茶多呈嫩黄或嫩绿色。

目前我国茶学界的主流学派把大众称谓的"生普洱茶"归于绿茶类,把经过泼水渥堆后发酵的熟普洱茶归于黑茶类。在描述这两类茶的色泽时,对"生普洱茶"用描述绿茶的审评术语,在描述熟普洱茶的干茶色泽和汤色时用描述黑茶的审评术语。紫鹃茶的叶芽和茶汤呈紫红色是因为茶中花青素含量较高，因此具有良好的抗氧化和防衰老功效。

普洱茶的汤色因为陈化度不同依次为黄绿、淡黄、深黄、黄中透红、红色等。红色又可分为黑红、暗红、褐红、栗红透亮、金黄红亮、深红明亮和艳红晶亮等。在茶艺中有的茶友根据自己的感觉加上艺术想象，把深红明亮称为"玛瑙红"或"拉菲红"，把艳红晶亮称为"宝石红"或"晚霞红"，这些说法虽然不符合审评术语，但是在日常品茶时都是允许的。

鉴赏普洱茶的汤色最好是选用晶莹剔透的无色玻璃杯，如鸡尾酒杯，向杯中斟入1/3杯的茶汤后，举杯齐眉，朝向光亮处，杯口向内倾斜45°，这样可以精确地观察茶汤的色泽。

熟普洱的叶底应柔韧，有光泽，有弹性，并呈红褐色为佳。黑色花杂，暗淡无光泽，硬而无弹性或呈腐叶状者均为劣质茶。

二、香气的物质基础

香气是茶叶品质的灵魂，是构成勐海味的重要因素，是勐海茶永恒的魅力。有一首赞美普洱茶的诗曰：滇南佛国产奇茗，香孕禅意可清心。茶叶中芳香物质的含量不高，但是对茶叶的品质有至关重要的影响。从含量上看，绿茶中含0.005%～0.01%，红茶中含0.01%～0.03%。茶叶中芳香物质的含量虽然很少，但其种类繁杂。据陈宗懋院士的研究：绿茶中已鉴定出有230多种香气化合物。红茶中的香气成分较为复杂，目前已鉴定出400多种香气化合物。近年来，随着科技的进步，检测仪器灵敏度大幅提高。郝连奇先生编著的《茶叶密码》中记载迄今为止已分离鉴定出的茶叶芳香物质约有700种。其中鲜叶约80种，乌龙茶多达500多种。这些香气化合物包括醇类、酚类、醛类、酮类、酸类、酯类、内酯类、含氧化合物、含硫化合物、碳氧化合物和氧化物等。上述芳香物质有的是低沸点的，例如木醇的沸点为65℃，具有木香味；醋酸橙花醇的沸点为134℃，具有玫瑰香气。有的是中沸点，例如苯丙醇的沸点是217℃～228℃，具有水仙花的香味；醋酸苯乙酯的沸点是232℃，具有果香；沉香醇的沸点是199℃～200℃，具有兰花香。为了便于描述，勐海茶的香气可以归纳为以下几种香型。

（一）清香

这是勐海普洱茶（生茶）中最常见的一种香气，带着勐海大自然独特的气息，鲜爽高雅，清香自然，令人心旷神怡。茶叶的清香气味主要是青叶醇及一些简单脂肪族分子挥发形成的。顺式青叶醇浓度低时表现出清香，浓度高时则表现为青草味。反式青叶醇直接表现为清香。在杀青过程中，随着叶温升高，顺式青叶醇一部分挥发，一部分转变成反式青叶醇，混合入一些高温降解产生的简单脂肪族分子，共同形成了清香的特征。

(二) 花香

花香在普洱茶（生茶）中较为常见，主要表现为兰香（芳樟醇）、茉莉香（茉莉酮）、玫瑰香（苯乙醇、橙花醇等）。这类型的花香清爽如铃兰、馥郁如百合、甜醇如栀子、含媚如玫瑰、淡雅如幽兰，非常迷人。此类香气主要是 β-紫罗酮、茉莉酮以及部分紫罗酮衍生物等，其他香气物质在生茶中也参与了这种香型的表现。这些香气物质大多数是在加工过程中生成的，不同沸点、不同含量、不同比例会产生不同的效果，这是普洱茶香气多变的主要原因。不同花香物质随温度变化，以不同的比例混合在一起，在嗅觉阈值界限上下徘徊时，就表现出若有若无，时有时无的不同香型，令人浮想联翩，心生禅悦。

(三) 果香

果香的主要呈味物质是醋酸苯乙酯，最受追捧的是梅子香。通过一定时间合理存放的优质生茶通常会出现梅子香，这是非常好闻的经典香型，嗅来有清爽之感，又略微带酸，恰如青梅气息。为何梅子香如此令人喜爱？其主要原因是一种心理作用。当我们在单一香型中加入一点点不同的的香气，就会使得两种香感都更加突出，梅子香的对比效应就非常典型。有些茶因为发酵不当或是存放不当会出现不良酸气，往往被人牵强附会认为是梅子香，这是错误的。因为这二者区别很大，梅子香自然舒适，与茶搭配无违和感，而不良酸气则显得突兀。有梅子香的茶汤滋味纯正，而有不良酸气的茶汤滋味也会发酸。造成二者差别的原因还是在于"度"，无论是自然发酵还是人工发酵，都会产生一些脂肪酸，如戊酸、癸酸等。如果发酵不当，造成这些酸大量积累，就会产生突兀的酸味，影响品茗时的口感和闻香时的愉悦感，但如果将其控制在适当的范围内，就能形成如梅子香这样令人心旷神怡的香型。

（四）蜜香

蜜香在勐海普洱茶（生茶）中较为常见，这种香气持久耐闻，并且易于描述和理解，也容易被记住。具有蜜香的普洱茶品质优良，品饮后口中留香余韵悠长。蜜香与花果香的配合，构成了大部分普洱茶（生茶）在陈化初期的醒目特征。形成蜜香的主要香气成分是苯乙酸苯甲酯，该物质沸点较高，因此散逸缓慢，能较长时间存在。形成花果香的成分比较复杂，主要有苯甲醇、苯丙醇、己烯醛、苯甲醛、橙花醛、香草醛、α-紫罗酮和β-紫罗酮、醋酸香草醇、醋酸芳樟醇、醋酸橙花醇。苯甲醇也具有微弱的蜜味，对蜜香产生也有一定作用。

（五）陈香

陈香是普洱茶（熟茶）的核心香型，纯正的陈香是勐海普洱茶（熟茶）的代表性香型，没有陈香就不是合格的普洱茶（熟茶），其他的香型应当在陈香的基础上为普洱茶增添魅力，为"勐海味"加分。陈香是一种复杂的混合香气，是陈味、木香、药香等类型气味的混合表现，涉及的芳香族物质众多，主要有陈香1-戊-1-醇、苯乙醛n-壬醛、n-癸醛芳樟醇氧化物、辛二烯酮。陈香嗅来富有时间的积淀感，但是具有活力，不会有丝毫的沉闷感。"活力"是评价勐海味的核心要素之一。对于勐海茶（熟茶）而言，"活力"是原料优异、发酵精准、存放得当三个方面的综合表现。

（六）其他香

其他香味主要有木香、药香、荷香、樟香、肉桂香等。药香其实就是陈放很久的优质普洱茶自然产生的淡淡的中药味，我国南方气候湿热的地区茶叶陈化较快，因此数年之后就可能感受到药香，而存放在干燥气候条件下的茶叶，存放很长时间也难有药香出现。勐海茶的内含物质非常丰富，其中芳香族物质不少于500种。有的高沸点，有的中沸点，有的低沸点。不同品种、不同等级、不同储存时间的茶叶内含的香气成分和比例各不相同。即使是同一款茶，因冲泡水温不同以及放置时间的不同，所挥发出的香气中各种芳香族物质的构成亦随之变化，这就形成了变幻多端，无法形容，令人捉摸不定而又浮想联翩的美感。

鉴赏普洱茶的香气是怡情悦志的一种精神享受。为了更好地闻香，宜选用较大的柱形瓷杯作公道杯。因为瓷质器皿的内壁比玻璃器皿更容易挂香，而且杯壁的内面积越大，黏附的茶香越多。

另外一种鉴赏香气的办法是选用肚大口小的玻璃杯。向杯中斟入1/3杯的普洱茶后，先将鼻子对着杯子口深吸气，静闻茶香，然后不停地摇动杯子，使茶汤在杯中旋转，让茶香充分散发，再停止摇动，细细闻香。摇动杯子可以使一些在静态下不易挥发的气味会散发出来，所以摇动杯子后再闻香，茶香更饱满，更丰富，五味杂陈，可以更准确地鉴别茶香的优劣。最后，饮尽杯中茶，再闻一闻杯底留香，借以判断冷香的特征和香气的持久性。优质普洱茶的香气纯正细腻，优雅协调，令人心旷神怡，杯底留香明显而持久，令人回味无穷。

三、茶味的物质基础

茶的滋味是茶汤中的呈味物质作用于人体味觉器官而产生的综合反应。茶叶中的呈味物质主要有糖类、氨基酸、嘌呤碱（咖啡碱、可可碱、茶碱）、茶多酚及其氧化物、有机酸、茶皂素、茶红素、茶黄素、茶褐素和果胶等。茶中的氨基酸是鲜味的主要成分。茶叶中氨基酸的含量占干物质的1%~4%，主要有茶氨酸、谷氨酸、精氨酸、丝氨酸等，有的鲜中带甜，有的鲜中带酸。茶多酚、表儿茶素、没食子儿茶素是形成涩味的主要化学成分。咖啡碱、可可碱、茶碱、花青素、茶皂素是产生苦味的主要化学成分。有些茶人不喜欢苦味，特别是一些青少年和女士甚至排斥苦味，其实苦味是一些食品和饮料形成独特风格的重要因素之一，例如咖啡、可可、优质白酒、啤酒、葡萄酒，以及银杏、柚子等入口时都有一股奇妙的微苦，接下来很快化开，呈现出妙不可言的回甘。所以有人认为，排斥苦味的人注定缺乏对美味的鉴赏能力。可溶性糖、甘氨酸、丝氨酸、丙氨酸是产生甜味的主要化学成分。苹果酸、柠檬酸、水杨酸、没食子酸、抗坏血酸（维生素C）是酸味的主要化学成分。果胶融入茶汤，品饮时会感到口感饱满，并产生顺滑的厚重感。

读完这一节，真正明白了其中的道理，可以指导我们在茶事实践中不断积累经验，学会把控好投茶量、冲泡水温、出汤时间三个变数，用相同的茶可以冲泡出不同的风味：或使茶香馥郁多变，或使茶香清幽淡雅；或使茶汤浓强厚重，收敛性强；或使茶味清爽鲜活，甘醇沁心。总之，我们可以随心所欲地，为自己或宾朋冲泡出百变佳人般的绝妙好茶。

第二节　决定茶叶品质的八大因素

勐海茶的品质是由茶树品种、茶树树龄、生态环境、茶园管理、气候条件、加工工艺、仓储运输、冲泡技巧八个因素综合决定的。要真正喝懂"勐海味"，就必须刨根问底，全面了解造就勐海味的八大要素，绝不可只片面强调其中的某些因素，而忽略了总体。

一、茶树品种（品种香）

决定茶叶品质特点的第一个因素是茶树的品种，这是勐海茶的一大优势。勐海县茶树品种资源丰富，栽培的主要有普洱茶种（C.assamica）包括勐海大叶种、班章大叶种、南糯山大叶种，另外还有风味独特的老曼娥和布朗山乡曼糯的苦茶变种（C.assamica.var.kucha）。勐海大叶种是全国茶树良种，是中国茶树品种审定委员会（1989年改名为全国农作物品种审定委员会茶树专业委员会）于1984年审定通过的第一批国家级良种。

勐海大叶种又名佛海茶,是有性繁殖系品种,属小乔木型,特大叶类,早芽种。原产于勐海县南糯山,主要分布在滇南一带。育芽能力强,芽叶粗壮,色泽黄绿,绒毛多,持嫩性强。春茶一芽三叶,百芽约重153.2克,单产较高。据云南省农业科学院茶叶研究所分析,春茶一芽两叶,鲜叶含咖啡碱4.06%,氨基酸2.26%,茶多酚32.77%,儿茶素总量181.72毫克/克,有广泛的适制性,最适制优质普洱茶,亦适制滇红、滇绿。1984年被认定为国家级良种。

另外,勐海县在管护好老茶园的基础上,还大力推广种植新良种,例如1987年认定的国家级良种云抗10号和云抗14号。云抗10号是无性繁殖系新良种,乔木型、大叶类、早芽种,产量高、品质优。据云南农业科学院茶叶研究所分析,春茶一芽两叶含咖啡碱4.57%,氨基酸3.23%、茶多酚34.95%,儿茶素总量135.74毫克/克。适制优质普洱茶、红茶、绿茶。云抗14号是从南糯山群体种中单株选育而成的良种,属乔木型,大叶类,中芽种。春茶一芽两叶,鲜叶含咖啡碱4.84%,茶多酚36.13%,儿茶素总量142.62毫克/克,适制普洱茶、滇红、滇绿。1987年被认定为国家级良种。

勐海茶鲜叶

更难得的是在勐海老曼峨、曼糯等地分布的苦茶变种（C.assamica.var.kucha）虽然纯料单喝苦涩味重，但却是拼配高档茶的极好辅料，适当配比可使勐海味更加霸气。

从上述分析可以看出，茶树品种是勐海茶与其他产区茶叶竞争的独特优势。勐海茶的原料出身名门，血统高贵，品质优良，所以一步领先，步步主动。

二、茶树树龄（树龄香）

勐海县目前还保存有 4.7 万亩古茶林，这是极其宝贵的财富，管护好这些古茶树，对于开展茶教学、茶科研，发展茶旅游、茶康养，繁育茶树新良种都有不可估量的价值。树龄一百年以上的茶树即可称为古茶树，非常稀有。物以稀为贵，所以古树茶的价格被商家炒作到普通茶的几倍甚至几十倍。树龄越老往往价格越高。茶叶因为树龄不同而具有不同的滋味，我们称之为"树龄香"。

爱茶的人往往都梦寐以求能品到珍稀的古树茶，这个心情完全可以理解。但是剔除品饮古树茶能满足人的好奇心之外，古树茶的品质是否真的比新开采期的茶树，或者盛产期的壮年茶树所产的茶更好，茶学界对此有不同的看法。中国农业科学院茶叶研究所研究员虞富莲先生等著名的茶专家是持否定意见的。

我的浅见认为，勐海茶产业的发展应当双管齐下：一方面尽心尽力管护好祖宗留下的古茶树，这是历史赋予勐海茶人的使命，并充分利用"物以稀为贵"的商品经济法则，让古茶树继续为茶产业发展和民众生活做出贡献。另一方面，一定要清醒认识到古茶树的数量是呈下降趋势的，在短期内古茶园的面积只会减少不会增加，勐海茶产业从长远发展的角度看，最终主要还是要靠发展现代生态茶园。因此在宣传上绝不能过分吹捧古树茶，更不可贬低优良品种的"台地茶"。

客观地说，古树茶的价值首先在于物以稀为贵，目前云南古树茶的年产量不足普洱茶总产量的1/15。古茶树是短时间内不可再生的宝贵资源，真正的古树茶会越来越稀缺，有较高的的收藏价值。其次，古茶树绝大多数散布在深山老林中，生态环境好，云蒸霞蔚，昼夜温差大，所产的茶口感饱满，层次感丰富，带有大自然的气息。同时因为山高路险，管理不便，一般都不可能打农药，所以是"零农残"。但是至今没有任何可靠的检验数据能够说明古树茶比"台地茶"更有营养，更有保健功能。相反"台地茶"有三个优势。

其一，品种优良。"台地茶"基本都是科技部门推广的优良茶树品种。

其二，植株年轻。植物生长的客观规律是，在茁壮成长期根系从土壤中吸收的营养物质最多，植株老化时根系同时老化，从土壤中汲取营养的能力就会逐年下降。

其三，"台地茶"的耕作管理和生产工艺都越来越科学，产品的品质在日益提高。我们要相信科学，相信时代的进步，坚持实事求是的宣传古树茶和台地茶，两者都不可偏废。

三、生态环境（地域香）

勐海县地处横断山脉南段，属滇西南山原地貌，四周高峻，中部平缓。山峰、丘陵、平坝相互交错，县内最高点勐宋乡的滑柱梁子海拔2429.5米，最低处西南角的南柱河与南览河交汇处，海拔535米。高差1894.5米，形成了典型的"一山分四季，十里不同天"的立体小气候，是我国低纬度高海拔的代表性产茶区，生态环境极适合茶树生长。

勐海县的茶园主要分布在海拔1000～2000米的山区及丘陵地带，这些地带的土壤各不相同，1000～1500米为砖红壤，其母岩是砂页岩、花岗岩、片岩，风化后的土壤pH5.6～6.1，呈弱碱性，有机质1.1%～1.97%，含速效磷1.5～3.7ppm，含速效钾133～615 ppm。含速效钾高的土壤生长出的茶叶品质优良。海拔1500～2000米的地带属红壤土类，其母岩是沙页岩、花岗岩、片岩、石英岩、沙岩。pH4.5～6.5，也很适合茶树生长。从上述资料的数据可见，勐海县普洱茶生长地带的土壤pH值都属于茶树生长的适宜范围。陆羽在《茶经》中强调茶者，上者生烂石。中者生砾壤。下者生黄土。勐海茶园的土壤的母岩是砂页岩、花岗岩、片岩、石英岩、沙岩风化后的土壤，这正是上者生烂石，因此所产的茶具有独特的地域香。

生态茶园

四、茶园管理（栽培香）

　　勐海县的茶园分为两大类型，一类是古茶园，另一类是现代生态茶园。"古茶园"又分为野生型茶树古茶园和人工栽培型古茶园两类。目前勐海县的古茶园主要是人工栽培型古茶园，这类茶园以"穴播丛植"为主（顺山坡"满天星"式点播）。成林后茶树疏密相差悬殊，每亩多则200来株，少则20～30株，与当地各种植物和谐生长，管理粗放，当地茶农除了每年除草1～2次之外，均不进行整枝修剪、中耕施肥、喷洒农药等管理措施，茶园处于荒芜状态或半抛荒状态，一切纯任自然。直到1956年土地改革之后，茶园归当地群众所有，生产力得到解放，全县老茶园的垦复工作才得到全面开展。茶农们对茶园采取清除寄生植物，剪除杂草，疏砍覆荫树等措施全面垦复老茶园88828亩。1977年政府号召进行低产茶园改造，具体做法是改土、改树、改园。改土是在离茶树根20～30厘米处挖深、宽各50厘米的施肥沟，然后把草木灰、畜粪、堆肥、磷肥等倒入。改树是对衰老的茶树，离地面15～20厘米处进行台刈复壮，使其萌发出生长力强的新梢。改园，是把零星丛植改为等高带状密植，补植缺株，同时在茶园内增修道路，种植覆荫树，改善古茶园的生态环境。截至1987年，全县改造古茶园10249亩。目前，勐海县尚存树龄百年以上的古茶园46216亩，占西双版纳州古茶园面积的一半以上。由于对古茶园的管理坚持不打农药，不施化肥，所产的茶品质优异，所以售价较高。

进入21世纪后，勐海县加快了现代生态茶园建设。2001年，勐海县开始实施3000亩无性系良种无公害茶园建设项目。勐海茶厂布朗山基地的3000亩茶园获得了有机茶园认证，2001～2003年，通过综合扶贫开发茶叶种植，加强无公害茶园建设、低产老茶园改植换种等项目，推广带动以种植国家级良种云抗10号为主的现代生态茶园一万余亩。近几年，勐海县对这项十分有意义的工作一直坚持不懈，并且不断增加科技新项目。由上可见，无论是古茶园还是现代生态茶园，勐海县的茶园都是生态良好，管理规范，病虫害防治得法，科学施肥控制严格的无公害茶园，所产的茶叶表现出的栽培香为勐海味加分。

五、气候条件（气候香）

气候条件对茶叶品质的影响也很大。勐海县的气候具有三种立体气候型：北热带气候型、南亚热带气候型、中亚热带气候型。茶园分布的主要地带是海拔750～1500米的中海拔地带，一月的平均气温在12℃～12.9℃之间，六月的平均气温在22.5℃～22.8℃之间，全年最低气温为-2℃～0℃，而大叶种茶树生长的下限温度为-3℃，所以茶树在勐海完全可以安全越冬。

勐海的气候对茶叶的生长有四大好处：

其一，勐海境内的气候具有四季温差小，昼夜温差大，白天气温高，夜里气温低的特点。勐海茶区春茶开采季节的

晾晒鲜叶

日均昼夜温差高达19.2℃。白天气温高,有利于叶片通过光合作用合成大量营养物质。夜间凉爽,营养成分消耗少,有利于茶叶养分的积累。因此,勐海茶中积累的营养物质丰富,品质优异。

其二,勐海县年平均气温18.5℃,年平均降雨量1319.4毫米,年平均相对湿度81%,年平均有霜期22天,勐海专家总结说:这里冬无严寒,夏无酷暑,四季如春,露重雾浓,雨量充沛,春旱夏涝。春旱,阳光充足,有利于春茶的采摘晾晒。夏季雨水多,5~10月是茶树生长最旺盛的季节,这个季节恰是勐海的雨季,降雨量为全年降雨量的85.81%,降雨量和热量都能充分地满足茶树生长的需要,有利于采过春茶之后的茶树恢复生长,促进秋后谷花茶的萌发。

其三,勐海的空气湿度较大,相对湿度长年保持在80%以上,加上每年的雾日达107~160天,茶树最喜欢云雾缭绕的天气。另外,勐海茶树分布带每天含有0.2~0.4毫米的雾水和露水,提高空气的湿度,对茶树起到滋润作用,可谓得天独厚。

其四，茶树是喜爱散射光漫射光，不喜爱直射光的植物，它既要光照充足，又要以散射光为主。从光辐射成分上看，勐海县主要产茶区全年阳光的直射量为 62551 卡/平方厘米，全年阳光的散射量为 64810 卡/平方厘米，全年散射光略多于直射光。如此优越的气候生态环境，可谓是茶树生长的天堂，因为在这样的光照条件下生长的茶叶叶片肥厚，持嫩性好，茶多酚的含量适中，茶氨酸的含量丰富。因此滋味浓酽、鲜爽、醇厚，这是生产高品质茶叶的基础条件。

有了上述四大气候特点，气候香为勐海味加分是理所当然的。

六、加工技术（工艺香）

对于茶叶的品质形成，加工工艺和独具匠心是两个不可或缺的条件。普洱茶历史悠久，不过在明代之前"散收，无采造法"，谈不上有什么技术含量。明代以后才出现而"蒸而团之"或"采而蒸之"的原始加工工艺。直到 20 世纪 90 年代后，随着普洱茶热的兴起，对普洱茶加工工艺的研究才发展为一种时尚，在普洱茶加工工艺方面，勐海县有两大得天独厚的优势。

其一，因茶致富的茶农切身体验到茶给他们带来的幸福，所以对学习制茶技术非常积极主动，因为他们深知，通过提高加工技术来提高茶叶质量，提升茶叶价格，对他们而言是最可靠的致富之路。近几年来，勐海茶农学习茶园管理和制茶工艺的热情很高，制茶工艺水平提升很快。

其二，勐海县境内的云南省农业科学院茶叶研究所、勐海大益公司、陈升茶厂、雨林古茶坊公司等科研究单位和龙头企业都具备科技优势、人才优势、设备优势和信息优势，这些单位在21世纪都对茶叶生产工艺的创新和推广普及做出了卓越的贡献。制茶科技的新成果为勐海味注入了工艺香。

七、合理储存（陈化香）

普洱茶被形容为"能喝的古董"，这种诗意的形容虽然夸张，但是内质优良的普洱茶在适当的条件下合理存放一段时间，确实可以提升感官品质。

茶叶的营养丰富，易发生各种化学变化，贮藏方法稍有不当便会在短时间里风味尽失，即使贮存得法，有些茶叶仍会在贮存过程中逐渐失去茶的鲜香而显露出一些不良的口感和气味。要想长期贮存好茶叶，应当了解影响茶叶品质变化的原因和科学贮藏茶叶的方法。

茶叶陈化变质是茶叶中某些化学成分氧化、降解、聚合的结果，也可能是因为受到了异味污染或受到微生物及生物危害的结果。影响茶叶化学变化的外部条件主要有温度、水分、氧气、光线、害虫等五个因素。

其一，温度。氧化、分解、聚合等化学反应与温度的高低成正比，温度越高化学反应速度越快，茶叶陈化的速度也就越快。实验结果表明，温度每升高10℃，茶叶色泽褐变的速度就加快3～5倍。如果茶叶贮藏于10℃以下的保鲜库，可较好地延缓褐变过程。如果能干燥地存放于-20℃的冷库，则可以在相当长的时间里完全防止陈化变质。

其二，水分。水分是茶叶陈化过程中各种化学反应的必要条件。研究结果表明，当茶叶中水分含量降到3%左右时，可以有效延缓脂类的氧化变质，而茶叶中的水分含量超过7%时，陈化速度急剧加快。要防止茶叶水分含量偏高既要注意入库时的茶叶水分不可超标，又要注意储存环境的空气湿度不可过高。因为茶叶有很强的吸湿性，如果空气湿度高，茶叶可能会因吸湿而引起霉变。

其三，氧气。氧气能与茶叶中的很多化学成分相结合使之氧化变质。例如，茶叶中的脂类物质、糖类物质、蛋白质、维生素、茶多酚、儿茶素等物质均可能被氧化变质，所以有一些品种的茶叶最好能与氧气隔绝开，实行抽真空贮藏或充氮包装贮藏。

其四，光线。光的本质是一种能量，特别是紫外线可以加速各种化学反应，对茶叶贮藏产生极为不利的影响。紫外线的照射会使茶叶中的一些营养物质发生光化反应，产生令人不愉快的异味（日晒味），故茶叶应避光贮藏。

除了以上四个方面之外，还要防止异味污染和生物危害，包括有害微生物引起的霉烂变质和老鼠、蟑螂、白蚁、蛀虫、蠹虫等生物造成的危害。茶叶极容易吸附各种异味造成品质劣变，因此应当在空气洁净，通风良好，无不良气味的地方储存。

对于普洱茶而言，在一定的年限之内通过储存可以提升茶

※ 日光萎凋

叶的品质，但是并非所有的普洱茶都适合长期储存。长期存放茶叶必须具备三个前提条件：一是优质的原料；二是正确的加工工艺；三是在合适的仓储条件下合理存放。优质原料是指符合国家标准《地理标志产品·普洱茶》（GB/T2211-2008）的各项指标，茶汤滋味厚重的优质普洱茶。正确的加工工艺是指加工普洱茶晒青传统工艺，不可以用炒青或烘青。合适的储存条件是指"清洁、通风、避光、干燥、无异味、无污染、无病虫害"的仓库。符合这些条件，普洱茶（生茶）通过储存陈化，茶叶中的化学成分产生缓慢的非酶促反应，发生氧化、降解、聚合反应，使普洱生茶的陈香显露，色泽褐变，茶汤褐红，苦涩物质降低，滋味趋于醇和，各项指标基本上都朝着老茶口感变化。普洱茶（熟茶）通过储存主要是发生醇化作用，加工时泼水渥堆产生的堆味、仓味、霉味逐渐消退，形成爽滑柔顺、陈香绵长、滋味醇厚、回甘宜人的特点。

八、冲泡技巧（茶艺香）

普洱茶是最讲究冲泡（烹煮）技巧和品饮艺术的茶类。冲泡品饮绿茶、黄茶、白茶主要讲究"色、香、味、形"；冲泡品饮乌龙茶主要讲究"色、香、味、韵"，其中韵是重点；而冲泡（烹煮）普洱茶除了同样要注意展示茶的色、香、味、韵之外，还特别追求新鲜、自然或陈香、滋气。新鲜、自然是指要选用在温度、湿度适当的条件下自然陈化的优质普洱茶（生茶），或者符合国家卫生标准，用泼水渥堆发酵方法生产的普洱茶（熟茶）。因为普洱茶（生茶）和普洱茶（熟茶）的茶性差别很大，同类普洱茶的老嫩程度、存放时间、发酵工艺的差别也很大，所以普洱茶的茶艺非常复杂，例如：对醒茶、开香方式的掌握；对投茶量、冲泡水温、出汤时间三个变数的把控；对"茶气"的心理暗示和"以意行气"的心灵诱导等都比较难。另外对普洱茶的清饮、调饮、药饮的研究是目前勐海县茶艺的短板。茶艺香是综合表现茶叶品质的最后一个环节，非常重要，目前如何应用茶艺香为勐海味加分，还有待于加强学习和创新。

第三节　勐海茶的感官审评
——掀起你的盖头来,让我看看你的脸

茶叶感官审评,是为了评定茶叶品质而设立的一门专业课,主要用于茶叶生产加工和流通。感官审评要求必须用国家标准(或地方标准、企业标准)规定的程序有序进行。审评器皿、取茶样、投茶量、茶水比例、冲泡水温、出汤时间、审评程序都必须严格按照标准一丝不苟地进行。审评时只评价茶的

斗茶大赛

色香味形和叶底，只讲审评者对茶叶商品保障因素的直观感觉，不讲对茶叶商品魅力因素的心理感受。即茶叶感官审评是审评人员根据正常的视觉、嗅觉、味觉和触觉感受，使用规定的标准专业术语，参照实物样，对茶叶商品的感官品质特征进行评定，用评分表达。这是一门鉴定茶叶品质的基本技能。主要应当掌握以下几个方面。

一、审评方法

茶叶感官审评，是通过茶叶的理化属性对感官的作用，来分辨茶叶品质的高低。审评时，先进行干茶审评，然后再开汤审评。审评有八因子法与五因子法两种。八因子法即干茶审评时看外形的整碎、条索、色泽、净度四个因子，与标准样对照，初步判断茶叶品质的好坏。开汤后审评看内质，即看汤色、香气、滋味、叶底（冲泡后的茶渣）四个因子，对照标准样评价茶叶品质的高低，最后综合外形四因子与内质四因子的评分确定茶叶的等级。五因子法是在干评时把外形的四个因子合并为一个因子。

二、审评程序

在审评时要先取样，一般是将毛茶250～500克或精茶

200~250克放于专用的茶样盘内,评定茶叶的大小、粗细、轻重、长短、碎片、末茶,然后均匀取样。红茶、绿茶的成品茶一般取3克,乌龙茶取5克,放入审评杯内,用沸水冲泡。3克红茶或绿茶冲150毫升沸水,泡5分钟;5克乌龙茶冲110毫升沸水,泡2~4次,每次2~5分钟,有争议的茶要泡双杯审评。不同茶类在审评时所用的样品重量、冲水量、冲泡时间各有明确规定。

三、审评项目

确定茶叶品质的高低一般要干评看外形,开汤评内质,把以下的项目逐一评比,并按照评茶术语写出评语。

(一)外形指标

1.嫩度(整碎):主要看干茶的外观形状是否匀整。一般从优到差分为匀整、较匀整、尚匀整、匀齐、尚匀等不同的级差。

2.条索:条索是各类茶所具有的一定外形规格,是区别商品茶种类和等级的依据。例如长炒青呈条形、圆炒青呈珠形、龙井呈扁形。其他不同种类的茶都有其一定的外形特点,一般长条形茶评比松紧、弯直、壮瘦、圆扁、轻重;圆形茶评比松紧、匀整、轻重、空实;扁形茶评比平整、光滑程度。

3. 色泽：色泽反应茶叶表面颜色的深浅程度，以及光线在茶叶表面的反射光亮度。各种茶叶均有其一定的色泽要求，如特级祁门红茶应"乌黑油润"，特级碧螺春应"银绿、隐翠、鲜润"，蒸青绿茶应翠绿，乌龙茶应呈青褐色等。

4. 净度：净度是指茶叶中含有杂物的多少。优质茶叶应不含任何夹杂物。

（二）内质指标

1. 香气：香气是茶叶开汤后随水蒸气挥发出来的气味。不同的茶应具有自己独特的香气，如特级祁门红茶的香气应"高鲜嫩甜"，特级碧螺春的香气应"嫩香清鲜"，武夷大红袍的香气应"锐、浓长或清、幽远"，而武夷肉桂的香气应"浓郁持久似有乳香、蜜桃香或桂皮香"。审评香气除了辨别香型之外，还要比较香气的纯异、高低、长短。香气的纯异是指所闻到的香气与该品种茶叶应具有的香气是否一致，是否夹杂了其他异味；香气的高低可用浓、鲜、清、纯、平、粗来区分；香气长短即香气的持久性。好茶应香气纯高持久，有烟、焦、酸、馊、霉、异等气味的是劣质茶。

2. 汤色：汤色是指茶叶中的各种色素溶解于沸水而反映出茶汤的色泽。汤色在审评过程中变化较快，为了避免色泽的变化，审评过程中要先看茶色或闻香与观色结合进行。审评汤色主要应看色度、亮度、清浊度三个方面。

3. 滋味：滋味是评茶人对茶汤的口感反应。审评时首先要

§ 论道陈升号

区别滋味是否纯正，纯正的滋味又可细分为浓淡、强弱、鲜爽、醇和等。不纯正的滋味又可细分为苦涩、粗青、异味等。好茶叶的滋味应浓醇或鲜爽，刺激性强或富有收敛性。

4. 叶底：叶底即冲泡后充分舒展开的茶渣。评定方法是看叶底老嫩、色泽、匀齐度、柔软性等。一般而言，好的茶叶叶底应嫩芽比例大，质地柔软，色泽明亮，叶形较均匀，叶片肥厚。

实际操作时应注意，在审评过程中要依据上述各项审评因子逐项评比，并写出评语，按百分制分别打分。

第四节　勐海茶的艺术鉴赏
——读你千遍也不厌倦，读你的感觉像诗篇

《溶入自然，天人合一

茶的艺术鉴赏是修习茶艺者必须掌握的技能，它与茶叶的感官审评不一样，没有固定的标准，允许泡茶者因人而异，根据自己的爱好或者客人的爱好，灵活选配冲泡器皿，凭经验把控好泡茶时的茶水比例、冲泡水温、出汤时间三个变数，冲泡出令品饮者满意的好茶。鉴赏茶叶不仅要会对茶叶商品的色香味形等物质属性作出艺术评价，而且还要能从多角度对茶叶商品的魅力因素进行美的赏析：如茶名之美；茶叶品牌的知名度、美誉度；茶的珍稀度、名贵度；茶叶独特的养生价值、历

史故事、文化内涵以及生产者在茶界的地位和名望等。旨在提升品茶的趣味性、知识性、娱乐性和满足感。

在日常生活中或茶艺演示时，我们不可能，也没有必要严格按照感官审评法，用专业术语对茶叶进行评价，或者对茶叶的品质严格打分，而是从艺术的角度去欣赏茶，去悠然自得地享受茶的色香味韵之美。我把用艺术眼光鉴赏茶叶常用的技巧简要地归纳为"三看、三闻、三品、三回味"，再详细讲解对普洱茶的艺术鉴赏。

一、三看、三闻、三品、三回味

（一）三看，又称"目品"

一看干茶的外观形状，通常称为"看茶相"。勐海茶的毛茶是云南乔木型大叶种茶，经过手工采摘、传统锅炒杀青、揉捻后自然晾晒干燥，毛茶分为11级，特级散茶条索紧细、匀整、显毫、匀净、色泽褐润。紧压茶按现状分为圆饼型、坨型、砖型、圆柱形。最常见的七子饼茶外形要端正匀称、松紧适度、色泽暗褐油润，"泥鳅边"光滑。二看汤色。勐海茶熟茶的汤色以红浓明亮为优，七子饼茶的汤色以深红明亮为美。三看叶底，即看冲泡后的茶渣。散茶的叶底以褐红细嫩为优，褐红肥嫩次之，褐红柔软更次之。七子饼茶的叶底以猪肝色柔软明亮为优。

（二）三闻，又称"鼻品"

一闻茶叶中有没有异味。茶叶吸附异味的能力特强，再好的茶叶，若因储存运输过程中或购买后保管不当，吸附了异味或产生了霉味，其品质必然大打折扣。二闻茶的本香。普洱茶的香气多变，有荷香、樟香、枣香、木香、梅子香、兰香、陈香，等等。不同品种、不同山头、不同年份的普洱茶各具不同特色的茶香，这是普洱茶的魅力。三闻香气的持久性。一般通过闻杯底留香或闻冲泡后的叶底香来判断茶香的持久性。

"三闻"只是一个概略的说法，"三"是一个虚数，指的是再一、再二、再三。反复多次闻香，不可机械地理解为只闻三次茶香。"三闻"完全可以有不同的操作方式。例如，可以理解为开汤之前先闻干茶的茶香，开汤后闻茶汤的水面香，最后再闻杯底留香或叶底留香。也可以理解为热闻、温闻、冷闻。总之闻香重在享受茶香不断变化带给人的美妙感受。因为勐海茶中的芳香族物质多达数百种，所以任谁都无法准确地表述出它的具体香型，拘泥于审评专业用语反而显得枯燥无味。在玩茶时大家尽管放开，凭借各自的真实体验，用美妙的想象和诗意的语言来表达自己的感受，茶友们一定会皆大欢喜。

（三）三品，又称"口品"

"三品"是品茶的滋味。普洱茶的滋味以浓醇滑润甘爽为上，浓醇回甘次之，醇和回甘又次之。一品"火功"，首先是品毛茶干燥的方式和火功水平,因为这两个因素在茶汤中最先表现出来。二品主要是细品这泡茶的特色滋味,如细品山头味、仓储味、树龄味等。三品可以用自己喜爱的不同方式品这款茶,例如可以在茶中加奶、加方糖、加果汁或与其他辅料配伍之后再品饮,看看这款茶是适于清饮还是适于调饮。

(四)三回味,又称"心品"

品茶要"五官并用,六根共识",即不仅要目品、鼻品、口品,还要用心去品,并且在品后仔细回味。三回味是指舌本

岁月沧桑积妙韵,一啜忘是在人间

回味甘甜，满口生津；齿颊回味甘醇，留香尽日；喉底回味甘爽，心旷神怡。

茶的艺术鉴赏法不要求你用标准专业术语描述茶，而是让你根据自己品茶的切身感受，用艺术的语言形容茶。如果能用茶艺鉴赏法用心去体贴茶，那么你或许会感受到红茶"香夺玫瑰晓露鲜"，绿茶"古梅对我吹幽芳"，乌龙茶"气味清和兼骨鲠"，白茶"一丘风味极可人"，或者品饮了勐海茶之后感到"恰如灯下，故人万里，归来对影，口不能言，心下快活自省"。如果你的心足够虚静空灵，或许还可能产生"清风两腋归何处，直上三山看海霞"的无比快意，甚至产生"莫道年来尘满腹，小窗寒梦已醒然"的人生顿悟。

二、普洱茶的艺术欣赏

普洱茶的茶性是通过色、香、味、韵、气五个方面表现出来的，茶色、茶香、茶味、茶韵和茶气相辅相成，形成普洱茶千娇百媚，变化无穷，令人痴迷的独特风韵。我们简单了解了"三看、三闻、三品、三回味"的鉴茶基本技巧之后，还要学习勐海茶具体的艺术欣赏方法。

（一）欣赏茶色

茶色包括干茶的色泽，茶汤的色泽及叶底的色泽三个方面。

§ 爱茶的"小虾米"

生普洱的干茶色根据原料老嫩程度不同，茶树品种不同，以及加工工艺水平有差别。晒青散茶的色泽逢双取样，特级油润芽毫特别多，二级油润显毫，四级黑绿润泽，六级深绿，八级黄绿，十级黄褐，随着存放时间的推移，颜色会逐渐向暗绿，黄红，褐红方向转变。熟普洱的茶色以褐红色且均匀油润者为佳，色泽黑暗较差，花杂或有霉斑者不可取。

普洱茶的汤色依照生茶、熟茶以及陈化程度不同，分为黄绿，淡黄，深黄，黄中透红，红色。红色又可分为黑红，暗红，褐红，栗红透亮，金黄红亮，深红明亮和艳红晶亮等。在国家标准中普洱茶生茶的标准汤色是"杏黄明亮"，要黄中见绿，绿中见黄；普洱茶熟茶的标准汤色是"红浓明亮"。民间普洱茶爱好者有人把深红明亮称之为"玛瑙红"，把艳红晶亮称为"宝石红"，甚至有人把自己最赞赏的普洱熟茶的汤色形容为"拉菲红",用红酒来形容茶汤,听起来也蛮有趣。

鉴赏普洱茶的汤色,最好是选用晶莹剔透的无色玻璃杯,如鸡尾酒杯,向杯中斟入1/3的茶汤后,举杯齐眉朝向光亮处,杯口向内倾斜45度,这样可以最精确的观察茶汤的色泽。

普洱茶的叶底应柔韧,有光泽,有弹性,有活力。黑色花杂,暗淡无光泽,硬而无弹性或呈腐叶泥状均为劣质茶。

(二)欣赏茶香

香气是茶叶品质的灵魂,有一首赞美普洱茶的诗曰滇南佛国产奇茗,香孕禅意可洗心,香气是普洱茶永恒的魅力。勐海普洱茶的香气很丰富,生普洱香气特点是高雅悠远,熟普洱香气特点是陈香显著,含蓄多变。只要存放得当,经过一定的时间,随着低沸点芳香族物质不断散逸,原本被掩盖了的较高沸点的芳香族物质就会逐步显现出来,略带生青的新普洱茶就会转化出纯正的清香,进而显露出优质普洱茶常有的荷香、木香、樟香、兰香、枣香、陈香、木香、杏仁香、梅子香等,最后归于以含蓄的陈香、药香为主,禅意绵绵给人带来无穷无尽的遐想。

鉴赏普洱茶的香气是怡情悦志的一种精神享受,也是一种审美能力的升华。形容茶香最常见的是用花香来比喻,例如清代诗僧释超全形容茶香"如梅斯馥兰斯馨"。唐代诗人王禹偁形容茶香"香于九畹芳兰气"。清代大臣高士奇形容茶香为"香夺玫瑰晓露鲜"。这些直观的形容都很不错,但是我更喜爱富有想象力的形容。例如，宋代著名隐士林逋形容茶香时曾写道："乳花烹出建溪春。"看似短短一句极简单的话，七个字中包含了丰富的历史、地理、茶学知识以及高明的审美艺术想象力。建溪是宋代最著名的北苑贡茶"龙团""凤饼"的产地，林逋把烹茶产生的白色泡沫形容为美丽的"乳花"，用建溪春天的气息比喻茶香，比喻得太妙了。再如乾隆皇帝形容茶香说"古梅对我吹幽芬"。他把梅花树人性化了，赋予梅花亲近人的温柔感情色彩。宋代大诗人黄庭坚形容茶香为"一种风流气味，如甘露，不染尘凡"。听起来更抽象，但是却给人留下了更广阔的想象空间。我们在学习茶叶感官审评时已经学习了用标准词汇描述茶的色香味形。现在学习茶艺要学会培养自己的艺术想象力。

  为了更好地闻香，宜选用容积较大的瓷质公道杯，因为瓷质器皿的内壁比玻璃器皿更容易挂香，而且杯的容积大，可聚集更多的茶香。另一种鉴赏香气的办法是选用肚大口小的玻璃杯，向杯中斟入1/3杯普洱茶后，先将鼻子对着杯子口深吸气，静闻茶香，然后不停地摇动杯子，使茶汤在杯中旋转，让茶香充分发散，这时停止摇动，再细细闻香。摇动杯子后，一些在静态不易挥发的气味，也会散发出来，所以摇动杯子后再闻香，茶香更饱满，更丰富，甚至五味杂陈，可以更准确地鉴别茶香的优劣。最后饮尽杯中茶，再闻一闻杯底留香，借以判断香气的持久性和冷香的特征，优质普洱茶的香气纯正细腻，优雅协调，令人心旷神怡，杯底留香明显而持久。

  夹杂有酸馊味、铁锈味、霉味、腐败味以及其他不良气味的普洱茶则一定是低劣或变质产品。

(三) 品鉴茶味

茶味靠人的口腔黏膜及舌面的味蕾去感觉。从生理角度讲，基本味觉只有酸、甜、苦、咸等四种，其余都是混合味觉，如辣、涩等。现在有的普洱茶书把茶味讲得很复杂。西南农大博士生导师刘勤晋教授在《中国普洱茶之科学读本》中批评道：近日，普洱热中有的学者以香、甜、甘、苦、涩、津、气、陈八字来概括普洱茶的品质，并称"无味之味"才是普洱茶的极品，因此普洱茶应是"茶中之茶"等。把味与非味搅和在一起，说的人越说越糊涂，听的人自然也就越听越不明白。

其实茶味是人通过味觉器官感受到的茶的物质属性，普洱茶滋味的化学成分非常复杂，普洱茶的苦味是因为茶中含咖啡碱、茶碱、可可碱等生物碱以及花青素等物质。普洱茶的涩味，是因为含有没食子酸。普洱茶的甜味，主要是因为含有可溶性糖。另外，茶红素呈甜醇味；茶氨酸、丙氨酸、丝氨酸、呈甜酸味；谷氨酸、天门冬氨酸、谷安酰胺呈鲜甜带酸味；琥珀酸、苹果酸呈鲜味；游离脂肪酸呈陈味。普洱茶的酸味主要源于果酸、柠檬酸等有机酸。普洱茶的咸味主要源于无机盐和有机盐。普洱茶之美味在于冲泡技巧，要合理选配冲泡器皿，要选用宜茶用水，然后把控好投茶量、冲泡水温、出汤时间三个变数，使茶汤中溶解的各种呈味物质达到适合品饮者口感的最佳比例，做到五味调和。在此基础上还要注意品饮技巧。

其一，品第一口茶时不要急于咽下，把茶汤含在口中，然后间歇式吸气，让茶汤在口腔中滚动，并有力地冲击舌面的味蕾和口腔黏膜。味蕾在舌面的分布是不均衡的，对不同的味道，舌头各部位的感觉灵敏度不同。舌尖对甜味最敏感，舌侧对酸味最敏感，舌根对苦味最敏感，舌头的各部位对咸味的感受力差别不大，吸气之后借助茶汤的滚动和冲击，我们可以精确地感受到茶的各种滋味。

其二是咬茶，即在品第二口茶时，把茶汤含在口中，像含着一朵小花，慢慢咀嚼，细细玩味，徐徐体会。清代乾隆皇帝在《冬夜煎茶》一诗中说得好：*细啜慢饮心自省，咀嚼回甘趣逾永*。这是乾隆皇帝品茶的经验之谈。"细啜"是吸茶，"咀嚼"即咬茶。把茶汤含在口中咀嚼，可使茶汤与唾液充分融合，并且发生生化反应，这样才能更精细地感受到茶汤的醇厚、柔顺、甘鲜、润滑。

另外，在欣赏勐海茶、勐海味时有一个很重要的概念——"普洱茶汤的厚度"。"厚度"不是滋味，但却是普洱茶爱好者评价普洱茶口感时常用的术语，是指茶汤入口后，口腔黏膜能够感觉到口感饱满，味蕾感觉丰富而舒适，说明这是一款内含物质丰富的好茶。

（四）欣赏茶韵

"韵"是中国古典美学中一个十分重要的概念，原本是指音律和谐，听了让人觉得心情舒畅。后来被引申用来形容诗词或字画气韵生动。"气韵生动"只可意会无法言传。有的人理解为言有尽而意无穷，有的人理解为能令人心灵畅适的一种感觉。茶人在品茶时喜欢讲韵，武夷岩茶有"岩韵"，铁观音有"音韵"，太平猴魁有"猴韵"，凤凰单丛有"丛韵"，台湾乌龙有"喉韵""胃韵""脉韵"。勐海普洱茶的茶韵在于茶人通过"五官并用""六根共识"，用心灵去体贴茶感受茶之后，切实体会到五碗肌骨轻，六碗通仙灵，七碗吃不得也，唯觉两腋习习清风生。那种飘然欲仙、超凡脱俗的绝妙感受就是"勐海韵"。

可以这么说，如果不讲茶韵，则永远无法达到品茶艺术的最高境界，如果不用心灵去感悟普洱茶的茶韵，则无法品悟出勐海茶的勐海味。

（五）欣赏茶气

茶气是普洱茶界颇有争议的一个概念，批评者认为茶气看不见，摸不着，讲不清，太玄虚。我认为茶艺和茶道都属于东方文化，而不属于西方科学。东方文化本身的特点就十分强调朦胧美、幽玄美、空灵美，这种美中包含着玄虚的成分。另外，老子美学是中国古典美学的灵魂，也是中国茶道美学的源泉。老子美学体系的核心不是美，而是"道—气—象"这三个互相联系的范畴。我们讲普洱茶的茶性，不能只讲物质形态的"象"，而不讲内在无形的美——"气"。

电影《康熙大帝》的总导演林鸿女士曾对我讲过一段很有

趣的话,她认为"优秀的男人身上应当有'四气':讲义气的男人,能让女人动心;有才气的男人,能让女人动情;有霸气的男人,能让女人舍身;有浩然正气的男人,能让女人舍命"。好男人有"四气",好普洱亦有"四气"。

其一是"香气"。香气是茶的灵魂,是优质茶必备的魅力因素,香气能让人动心。在演示普洱茶茶艺时千万要耐心引导品茗者闻香。

其二是"生气"。"生气"能令人感到生机勃勃的活力。茶人认为茶叶经加工之后依然是有生命的。茶的生气是它仍然具有生机活力的体现。茶来自大自然,茶的"生气"是它品种优良、生态环境和气候条件皆宜,采制适时,加工得法,贮运得当,冲泡技巧高超的综合表现。茶的"生气"能使人精神振奋,品饮之后令人感到活力四射,心旷神怡。

其三是"霸气"。霸气是广东茶友形容好勐海茶时常用的赞美词,是以优质乔木大叶种的晒青毛茶为原料,精心加工出来的优质普洱茶所特有的茶气。有"霸气"的茶,口感力道强劲,品饮时有一股热力直达丹田,令人血脉畅通,五体通泰,如痴如醉。

其四是"太和之气"。这是极品优质普洱老茶的重要标志,"太和之气"能让人物我两忘,达到禅悦的境界。茶气无色、无形、无味,全凭意念去引导,全靠心灵去感受,若没有气的意念,就永远无法找到气的感觉,也永远无法感受茶气带给人的至美天乐。

还有一个非常重要但是却常常被忽视了的问题:因为茶艺

师不仅仅要能泡好茶，还要能讲好茶，有时还要能卖好茶。茶艺的重要任务之一是通过茶艺引导茶叶消费，开拓茶叶市场，促进茶叶销售，推动茶产业发展。因此除了要了解茶叶商品的理化品质，还要了解茶叶商品的魅力因素。例如勐海茶的品种优势、地理优势、气候优势、生态优势、工艺优势等。茶艺师还要巧妙地向品茗者介绍所冲泡茶叶品牌的知名度、美誉度、忠诚度，产品的珍稀度、名贵度、商品生产者或生产企业在茶界的声望地位，以及勐海茶的历史文化内涵和独特的保健功能等，只有这样，才能在实际工作中引导客人体验茶的保障因素之美，理解茶的魅力因素之妙。

第五节 见仁见智"勐海味"

茶是天、地、人三才合一化育出的灵物,其滋味千变万化,妙趣横生。诠释"什么是茶味"是一个千古难题,唐代著名茶人刘禹锡,字孟德,在文学上人们把他与柳宗元并列,称为"刘柳";在诗坛上人们把他与白居易并列,称为"刘白"。足见刘禹锡名望之高。尽管刘禹锡嗜茶且才高八斗,但是他也讲不清楚究竟什么是茶味。他在《西山兰若试茶歌》中写道欲

§ 勐海味的特点——醇和

知花乳清泠味，须是眠云跂石人。"花乳"指的就是茶，"清泠味"是形容茶那清寒隽永，说不清道不明的自然之味。"眠云跂石人"是仙人。这两句诗的意思是：你若想知道茶的美味，就必须是一位超凡出尘的仙人。可见刘禹锡认为，什么是"茶味"凡人是讲不清楚的。一个人讲不清，于是我就请一批茶人见仁见智，群策群力，根据各人心中的体会，从不同的角度讲讲"茶味"，特别是突出讲什么是"勐海味"，希望以下说法至少有一种能扣动您的心弦，得到您的认同。

一、文人墨客心中的茶味

首先，茶文化的主力军自古以来非文人墨客莫属，他们品茶不拘泥于茶的物质属性，评茶不局限于就茶论茶，而是注重于茶的物外高意。在千古名士范仲淹的眼中的茶是什么味呢？他在《和章岷从事斗茶歌》中写道：斗茶味兮轻醍醐，斗茶香兮薄兰芷。直译是：茶的滋味比醍醐还美妙，茶的香气比兰花芷草还醉人。"醍醐"是什么？"醍醐"是佛教界用来比喻最深高佛法的乳制品。释迦牟尼佛从开悟到涅槃，驻世说法49年，分为五个时期。

第一个时期是"华严时"。这个时期佛陀讲《华严经》。这部经书中的佛法专门度大菩萨，慧根不足，悟性不够的人听不懂。大菩萨把这个时期佛所说的法比喻为"生牛乳"，成年人喝了有营养，但是小孩子喝了消化吸收不了。

《卢仝烹茶图　佚名［南宋］

第二个时期称"阿含时"。这个时期佛陀讲《阿含经》普度众生，大菩萨把这一时期佛说的法比喻为"奶酪"。奶酪是生牛乳经过加工的产物，大人小孩都可以吃，吃了之后都能消化吸收。

第三个时期称为"方等时"。方指方便，等指平等。这个时期佛讲《维摩诘经》。大菩萨把佛这个时期说的法比作是"生酥"。"生酥"是奶酪经过再加工之后的产物，比奶酪又提升了一个层次。

第四个时期称为"般若时"。佛在人世间说法共49年，其中讲般若22年，共讲了八部经书，总集称为《大般若经》。大菩萨把这时期讲的法比喻为"熟酥"，其精华是《心经》，全称《般若波罗蜜多心经》。

第五个时期称为"法华涅槃时"。这个时期法运即将圆满，大菩萨把这个时期佛所说的法比喻为"醍醐"。"醍醐"是牛奶最高级的制品。"斗茶味兮轻醍醐",范仲淹把茶味比喻为更胜醍醐的美味,足见茶味精妙之至。也由此可见,我们对茶味的理解不可只停留在物质层面,而是既要注重用茶叶感官审评的方法来描述茶味,又要从物质层面入手,逐步深入,最终升华到精神层面加以总结。

当然,文士们对茶味的理解并不一定都与佛教挂钩,更多的是随意加以艺术想象。例如宋代著名的政治家、书法家文彦博曾官拜宰相,他在《和公仪湖上烹蒙顶新茶作》一诗中写道:蒙顶露芽春味美,湖头月馆夜吟清。烦酲涤尽冲襟爽,暂适萧然物外情。在政坛春风得意的文彦博酒后夸蒙顶茶的茶味是美妙的"春味"。又如明朝大文豪王世贞在《解语花·题美人捧茶》一词中直言不讳地写道:流莺新脆,低低道,卯酒可醒还起。双鬟小婢,越显得那人清丽。临饮时,须索先尝,添取樱桃味。王世贞觉得自己喝茶时要请清丽俊秀的婢女先尝一口,美女的樱桃小口啜过的茶水,会染上妙不可言的樱桃味。

二、茶叶专家眼中的勐海味

一千个人眼中有一千个哈姆雷特。哈姆雷特是英国著名作家威廉·莎士比亚在歌剧《王子复仇记》中描写的一位丹麦王子,一千个人看了会有一千种不同的理解。同样的道理,一万个人喝过勐海茶之后,对什么是勐海味必然会有一万种不同的解释。

以下选几个有代表性的观点供朋友们参考。

其一，云南普洱茶专家，昆明茶叶协会会长刘益成先生认为：勐海味最早是指勐海茶厂熟茶渥堆后的堆味。生普洱茶的勐海味应该是指勐海茶厂唛号为7542的生饼品鉴时的滋味。但是从勐海县茶产业现状来看，勐海味已经代表着勐海县独特的生态环境、品种资源、山林气候、匠心精工、纬度海拔以及生物多样性的一种勐海茶区特有的韵味。茶美学专家、陶艺大师高峰教授的观点与刘益成先生大体相同。他说："勐海味"的说法最初源于二十世纪九十年代，流行于二十一世纪初，是消费者对云南勐海茶厂出品的普洱熟茶产生的一种特殊的"味觉"称谓。是从二十世纪七十年代勐海茶厂发酵熟普洱茶开始，在特定的场地、空间，用独有的井水，一直延续几十年，形成了特殊的菌群环境，由益生菌参与发酵生产出的优质熟普洱茶的茶味。

其二，弘益大学堂校长、华茶青年会主席李乐骏先生说：我以为勐海味有三重理解。一者，勐海味是自然之味。勐海茶山生态环境得天独厚，是世界茶源，是茶的老家。勐海味独特的风味特征已成熟于茶人心中。从这一层讲，勐海味是源于自然的本真之味。二者，勐海味是工艺之味。勐海县是中国茶产业重镇，是中国茶工业化的发端中心之一。勐海茶既有天然之美，更有人工造化的奋斗。人工熟茶发酵、拼配工艺无不是勐海茶工艺的骄傲。从这一层讲，勐海味是源于工艺的精工之味。三者，勐海味是历史之味。古茶树、古茶园及千百年以茶

§ 论茶陈升号

为生的民族,这些构成一个更加复杂,更加波澜壮阔的勐海味,就是源于历史的时光之味。

其三,云南农业科学院茶叶研究所所长,曾在勐海县挂职担任了两年副县长的何青云先生讲得比较精炼。他说:勐海味特指勐海普洱茶的特殊风味,浓酽醇爽,香韵独特,生态安全,神奇健康。简而言之,浓强厚重。

三、茶业企业家心目中的勐海味

2020年4月在勐海问茶期间,我特地去采访了两家最有名的普洱茶企业,向勐海茶企业的管理者讨教在他们心中的"勐海味"。

其一，4月22日上午，勐海宣传部副部长、新闻出版局局长李想女士陪我和徒弟王世倩去采访勐海大益茶厂。大益集团的副总裁、勐海茶厂厂长曾新生先生亲自带着我们参观了各个车间，详细介绍了生产流程之后，我问他："你心中的'勐海味'是什么味？"他说："勐海味"是"三味一体"的形象表答。"三味一体"是大益茶道院院长吴远之先生所说的滋味、品味到真味。"三味一体"是大益茶道的三要素。一是滋味，茶叶经高温开水冲泡出的茶汤，清香甘醇，韵味无穷，体现了自然造化与人工技艺的完美结合，而回甘体验更是茶味中独有的特色。二是品味，指人们在饮茶过程中所获得的审美素养与生活品位的提升。三是真味，指人们通过茶事活动领悟到生活的真谛、生命的真义。

曾新生先生是安徽农业大学茶学专业本科毕业生、华南农大硕士研究生。2006年2月到勐海茶厂工作。他理论功底扎实，实践经验丰富，视野开阔，思路清晰，总结说勐海味包括滋味，品味，真味"三位一体"是大益

陈升号茶业车间

茶道研究院长期研究的成果，其中也包含了他对勐海茶的满满深情。

其二，陈升号创始人陈升河先生是我非常钦佩的专家型企业家。陈升河先生讲到勐海味时十分肯定地说：勐海味就是岩茶味。从这一句极其简单的话中可以看出，陈先生的茶学功底极其深厚。陈先生原本在深圳经营乌龙茶，他对武夷岩茶、铁观音、凤凰单丛、台湾乌龙都深有研究，是乌龙茶的加工工艺大师、审评大师、拼配大师，对武夷岩茶尤其偏爱。品武夷岩茶讲究的是"岩韵"。"韵"是中国古典美学的一个极其重要的概念，可以理解为能让人的心灵畅适，但是又无法准确地用语言表达的美感。"勐海味就是岩茶味"是说喝勐海茶切不可只执着于就勐海茶论勐海味，而应当用心去品味勐海茶独特的美感，去品悟美的最高境界：瞬息万变，美妙无穷的香韵；满口生津，回甘强烈的汤韵；茶汤过喉时柔顺爽滑，无比舒畅的喉韵；茶汤入胃时暖洋洋的胃韵以及五体通泰，让人飘然欲仙的脉韵，等等。总而言之，勐海味是令人销魂夺魄，一啜难忘的至美之味。

四、年轻茶人心目中的勐海味

年轻人极富想象力，他们对什么是"勐海味"有超越常规的理解。

西安六如茶艺培训中心掌门人、国家一级评茶师、一级茶

《茶乡姐妹

艺技师郭粤茗女士认为：勐海味如勐海各民族的民歌味。勐海的民歌音质纯正、音色饱满、唱腔自然、旋律迷人、跌宕起伏、极富层次感，正如勐海茶香气纯正、口感饱满、茶味自然、茶韵迷人、品饮时滋味富有变幻，极富层次感。

又如勐海县茶友王潇霖认为勐海味是山野味。她具体解释说："山"是喝一口勐海茶后油然而生的感觉，脑海浮现出的是大山、大森林和优越生态环境包围的茶树，如身临其境一般。"野"正是勐海茶层次丰富的口感特点，我喝过很多产区的普洱，唯独勐海茶释放的野性最猛烈，它的那种不确定性，最令人着迷，令人恋恋不舍。每喝一口，它的苦涩马上转化为回甘生津，这时大脑就促使我再喝一口，再喝一口，不停地从苦涩变幻到回味甘甜……我理解的勐海味即"山野味"。

第六节 我心中的勐海味

茶是中华民族在"四大发明"之前,对人类文明做出的一大贡献,为人类的美好生活提供了一款绝佳饮品。茶是中国人的健康之液,快乐之杯,灵魂之饮,民生大计,图腾饮料。其中"中国普洱茶第一县"勐海县出产的勐海茶出类拔萃,让天下爱茶的人梦寐以求。勐海茶的勐海味令人一啜沁心,魂牵梦萦。勐海味如此迷人,那么勐海味到底是什么味呢?我认为,虽然一万个人品勐海茶会有一万种不同的美妙感受,但是可以归纳为三个层次加以说明:从物质层面讲,勐海味是"自然之味";从艺术层面讲,勐海味是"山歌之味";从哲学层面讲,勐海味是"人生之味"。

一、自然之味

茶既是物质的,又是精神的。物质是基础,因此我们总结勐海味应当首先从物质层面入手讲,只有这样大家才容易理解。我认为勐海味的首要特点是"自然之味"。勐海茶的"自然之味"表现在:香、活、气、韵、真五个方面。

(一)"香"是勐海味的灵魂

香是茶叶的灵魂,品各种茶类都是"未尝甘露味,先闻圣妙香",只是勐海茶因为具有茶树品种优良、生态环境优越、气候条件良好、栽培管理合理、加工工艺精湛等得天独厚的综合优势,所以其茶香野韵十足,清新自然。勐海生普洱茶的香气鲜灵、悠远、干净,带着热带雨林的气息令人感到生机勃勃;勐海普洱茶熟茶的香气醇和、饱满、深沉,陈香伴着禅韵给人岁月沧桑的启迪。无论是普洱生茶的茶香还是普洱熟茶的茶香,都会随着储存时间的延长,自然而然地随着时间的积淀而日渐丰腴。所以体验勐海茶的自然之味,首先要潜心感悟勐海茶来自大自然的生命之香和茶人的"心香"。勐海普洱茶的生命之香主要有淡荷香、木香、枣香、兰香、梅子香、青樟香、嫩樟香、野樟香等。兰香清雅鲜灵,比较含蓄;青樟香高锐鲜爽,充满青春活力;野樟香浓郁强烈,有成熟丰腴之美;经时间积淀的陈香则含蓄内敛,启人心智。其次还要用心去徐徐体会茶人匠心发出的"心香"。为此我赋诗曰:滇南佛国产奇茗,香蕴禅意可涤心。君若欲识勐海味,悟彻茶香心自明。

(二)"活"是勐海味的突出特性

"活"是优质茶的特征,它表现在入口时感到茶汤力道遒劲,口感鲜活,喝了之后感到浑身充满生机活力,越喝越想喝。

《寻珍

从茶树品种来看，勐海茶主要是勐海大叶种，其水浸出物含量48.75%，咖啡碱含量4.06%，茶多酚含量一般都大于32.77%，儿茶素含量18.17%左右，都高于一般茶树品种。从茶叶产区的地理纬度看，勐海茶分布在北纬21°28′~22°28′。北纬22°是产茶的"黄金地带"，这个纬度所产茶叶的水浸出物为47%~48%，茶多酚含量33%~36%，儿茶素含量170~190（mg/g），而其他纬度所产茶叶的水浸出物为41%~46%，茶多酚含量30%~33%，儿茶素的含量135~150（mg/g）。[1]从以上数据对比，可见勐海茶几项呈味物质的含量都高于其他茶产区，所以勐海茶汤的口感醇厚、饱满、有活力，特别是经过一段时间的陈化之后，这种活

[1] 邵宛芳，沈柏华．[J] 云南普洱茶发展简史及其特征．农业考古，1993，6（4）：66—70．

力不仅不会衰退，反而如人历经了岁月沧桑之后，变得更加深沉，更加成熟，更加有魅力。

（三）"气"是勐海味最突出的特性

茶气是茶界颇有争议的一个概念，因为在六大茶类中喝绿茶、红茶、黄茶、普通黑茶时讲究色香味，喝乌龙茶时讲究色香味韵，唯独喝普洱茶时，除了要讲究色香味韵之外，还讲究"气"。有的人喜欢"气"，夸茶好时常常说："这茶气感很强"。批评者则认为茶气看不见，摸不着，讲不清，太过玄虚，所以主张避而不谈。我认为茶艺属于东方文化，而不属于西方科学。东方文化本身的特点就十分强调朦胧美、幽玄美、空灵美，这种美中包含着玄虚成分。老子美学思想是中国古典美学的灵魂，也是中国茶道美学的源泉。老子美学理论体系的

茶韵心香——倚邦公主李宝儿醉心于茶

核心不是美,而是"道—气—象"这三个互相联系的范畴构成的"妙"。我们讲普洱茶的茶性,不能只讲物质形态的"象",而不讲内在无形的美——"气"。在品茶实践中许多普洱茶行家经常讲"这茶霸气",实际上就是夸茶的茶气足。

另外,我们所说的茶气,还包括存放得当的老茶所具有的,能令人物我两忘,达到禅悦境界的"太和之气"。"太和之气"全凭意念去引导,全靠心灵去感受。在习茶时,我们要培养"气"的意念,用心去感悟"气"的感觉,去享受勐海味带来的、超越物质层面的"至美天乐"。

§ 晚风阵阵送茶香

(四)"韵"是勐海味最美妙之味

"韵"是中国古典美学中一个十分重要的概念,原本只是指音律和谐,听了令人心情舒畅。后来被引申用来形容诗词、字画以及各种美好事物为"气韵生动"。"气韵生动"是指能令人的心灵畅适而又无法用语言文字准确表达的美,有的人概括为言有尽而意无穷。

茶人在品茶时都讲韵,品武夷岩茶时讲"岩韵",品铁观音时讲"音韵",品太平猴魁时讲"猴韵",品凤凰单丛时讲"丛韵"。台湾茶人品乌龙茶更加讲韵。茶汤过喉顺滑舒服称为"喉韵";茶汤入胃后感到暖洋洋的,称为"胃韵";喝茶之后五体通泰,脉搏舒缓均匀,称为"脉韵"。勐海普洱茶的"韵"是茶人通过"五官并用",用心灵去体贴茶之后,切实体会到《卢仝茶歌》中所说的:五碗肌骨轻,六碗通仙灵,七碗吃不得也,唯觉两腋习习清风生。这种飘然欲仙,超凡脱俗的绝妙感受就是"勐海味"带来的"勐海韵"。可以这么说,如果仅仅拘泥于对物质的感官享受,而不讲茶韵,则永远无法达到品茶艺术的最高境界。如果不用心灵去感悟勐海茶的茶韵,则无法体验唐代"八仙"之一吕洞宾(吕岩)在品茶时体会到的增添清气入肌肤,便觉身轻欲上天的绝妙感受。

(五)"真"是勐海味的终极追求

"真"既是"勐海味"的一大特点,又是勐海味的终极追求。"真"原本是道家的哲学范畴。庄子认为：真者，精诚之至也。不精不诚，不能动人。真者所以受于天地，自然不可易也。故圣人法天贵真，不拘于俗。在道家学说中，真即本性，亦本质，所以道家追求"抱朴含真""返璞归真"，做任何事情都要求"守真""养真""全真"。道家的思想对中国传统文化的影响极大，对中国茶艺的影响亦如此。勐海县县委、县政府始终严格要求从事茶行业的人一定要以"真"求质量，以"真"求生存，以"真"图发展。一定要怀着对家乡的真爱和对茶的真情打造"中国普洱茶第一县"。茶农茶商们在实践中尝到了求"真"的甜头，他们之中有不少人过上了从前连想都不敢想的富裕生活。他们每一个人的心中都明白，之所以能有今天的幸福生活离不开改革开放，也离不开认认真真做茶。

目前勐海县的绝大多数茶农不仅自家在茶叶生产经营的各个环节做到了守真自律，而且按照县委、县政府的要求把"零农残"、坚持生态优先、促进茶产业绿色化发展、不造假等写进各个村寨的"乡规民约"，全民相互监督，共同执行。另外，县政府还和茶企业签订了《质

村民设卡严防将外山茶冒充名山茶出售

量诚信承诺书》，实行失信企业黑名单管理。勐海县在云南省率先建成了产品质量溯源监管体系，成功创建了省级农产品质量安全监管示范县。勐海县的茶叶市场经过反复整顿，加强了监管，茶树的树龄做假、山头做假、茶的年份做假的现象进一步得到了遏制。所以大家可以在勐海喝到自己心仪之茶，品鉴勐海茶的真香、真味、真韵，并真真切切地感受到茶中蕴含的大自然的纯真气息和勐海人的淳朴真情。

二、山歌之味

我认为从艺术层面讲，勐海味是"山歌之味"。勐海味和山歌看起来"八杆子也打不着"。两件毫不相干的事，怎么能联系在一起呢？当然能！从艺术的角度欣赏勐海味，用山歌来比喻是非常贴切的。著名的舞蹈家杨丽萍讲得好：普洱茶的气味和口感次第呈现的过程就像一首曲子，逶迤有致。或者说，那是味觉音乐。说到这里我想，以茶比人也很有意思，但我更愿意把普洱茶比作音乐。因为好的音乐里必然有高贵的品质。杨丽萍的比喻美妙绝伦。音乐有很多类型，如果把勐海味比喻成音乐应当是什么音乐呢？我把勐海味比喻成勐海山歌之味。因为勐海县各民族的山歌和勐海县各个山头的普洱茶一样，虽然旋律各有特色，但是都有共同特点：自然、质朴，有时引人魂牵梦萦，有时令人狂情夺魄，在千变万化中给人至高享受。为此我专门写了一首《勐海茶，勐海味》：

《朴实的勐海情

勐海茶 ● 勐海味 ≋ 勐海情

勐海茶，
请把我的味觉音乐奏响。
用鲜活的"勐海味"，
滋润我的心坎。
生普洱
像唱着《小河淌水》的姑娘，
生机勃勃，
清新自然。
一句"月亮出来亮汪汪"，
诱发了多少人如梦的遐想？

中篇 勐海味

> 勐海茶，
> 请把我的味觉音乐奏响。
> 让馥郁的"勐海味"，
> 激活我的心房。
> 熟普洱，
> 像无指挥多声部大合唱，
> 气韵生动，
> 变化多端。
> 当你喝懂了"勐海味"，
> 《心的约会》便在心中唱响！

这首《勐海茶，勐海味》的第一段，我用《小河淌水》为背景音乐来描述普洱茶（生茶）的勐海味。《小河淌水》是云南家喻户晓的山歌，也是我当年下乡到山区插队落户时最喜爱的一首山歌，由尹宜公先生创作于1947年。这首歌的歌词质朴自然，旋律真挚感人且富有想象力，歌的曲调悠扬，音域较高，既完美地表达出了少女的纯情，也表达出了她对美的追求，我觉得非常适合用来作为品饮勐海普洱茶（生茶）的背景音乐。《小河淌水》的歌词全文如下：

> 哎——
> 月亮出来亮汪汪，亮汪汪。
> 想起我的阿哥在深山。
> 哥像月亮天上走，

天上走！

哥啊！哥啊！哥啊！

山下小河淌水，

清悠悠。

月亮出来照半坡，

照半坡。

望见月亮想起我阿哥。

一阵清风吹上坡，

吹上坡。

哥啊！哥啊！哥啊！

你可听见阿妹，

叫阿哥。

月亮出来亮汪汪，

亮汪汪。

想起我的阿哥在深山。

一阵清风吹上坡，

吹上坡。

哥啊！哥啊！哥啊！

你可听见阿妹，

叫阿哥！

  有兴趣的朋友可以下载《小河淌水》，一边听着这首歌，一边品饮勐海普洱茶（生茶），看看否能加深自己对勐海味的感悟，是否能感到生普洱茶的"勐海味"就像《小河淌水》一

《云南西双版纳傣族采茶姑娘

《山乡茶歌

样清新自然,令人魂牵梦萦。

　　《勐海茶,勐海味》的第二段,我用《心的约会》作为背景音乐来引导茶人领悟勐海普洱(熟茶)的勐海味。《心的约会》是勐海县哈尼族民歌,由男女声合唱。我虽然听不懂歌词的内容,但是歌曲的旋律悠扬婉转,舒缓真诚。因为是男女声合唱,所以音域辽阔,音质饱满、厚重、深沉,富有层次感,非常像品熟普洱茶时给人的感觉。有过爱情经历的朋友们,如果有闲情逸致,不妨以这首歌为背景音乐来品味熟普洱茶,从中回忆恋爱成熟时的心情。年轻的朋友们也可以选《心的约会》为背景音乐品饮熟普洱茶,这样你可能会感悟到熟普洱茶的"勐海味"如同成熟到谈婚论嫁阶段的爱情味,也会一往情深地迷恋上勐海茶。

三、人生之味

如果说品味出"勐海味"如同山歌味,需要艺术想象力,那么品悟出"勐海味"如同人生之味,这才是品茗的最高境界。它要求茶人彻底摆脱实用主义的功利考量,融化物我之间的界限,做到以心体道,与天地合德,打破感官审美的生理局限性,超脱对茶的色、香、味、韵、气、质感、美感等的迷恋,通过物我玄会,应目会心,迁想妙得等心理活动,沟通自然,内省自性,澡雪自我,从而达到对"茶味人生"的彻悟。

"茶味人生"的彻悟,至少应包括三方面的内容:

其一,像品茶一样超脱功利之心,心无杂念地去品悟生活,从苦涩中品出生活的甘美与芬芳,从而真正做到啜苦可励志,咽甘思报国,永远怀着一颗感恩之心待人处世。

其二,真正领悟到茶的世界是万物和谐,共生共荣,相互依存的世界。茶树的品种再优良,如果没有良好的生长环境,离开合理的栽培管理和科学的加工制作都无法生产出优质茶。再好的茶如果没有清纯的水、适宜的茶具、恰到好处的水温和出汤时间,也无法泡出"香清甘活"的茶汤。由此悟到生活中再优秀的人如果不能与周围的自然环境及社会环境相和谐,那么他的生活也不可能幸福美满。

《老茶乡新风尚——倚邦公主李宝儿沉醉于早茶晨读

其三,"茶味人生"是对"虚荣人生"的彻底否定,即剥掉人类为使自己所谓的神圣而制造的一切伪装,[1] 按照人生本来面目去真实地享受生活。由此可见,品饮勐海茶,品悟勐海味,实际上是最高层次的品茗艺术,从哲学层面讲,品悟勐海味既是引领我们从"得味"到"得韵"再到"得道"的生活艺术,又是一种以茶修习佛法,参禅悟道的人生体验。

[1] 邵宛芳,沈柏华.[J]云南普洱茶发展简史及其特征,农业考古,1993,6(4):66—70.

第七节　用现代茶艺学彰显勐海茶

创立现代茶艺学是推动我国茶艺登上一个新台阶，走向生活化、时尚化、多元化、国际化的需要。学习现代茶艺学，推广现代茶艺学是勐海县更好地宣传勐海茶，彰显勐海味，促进茶产业的发展，进一步建设好"中国普洱茶第一县"，打造"万邦来朝的普洱茶圣地"的需要。

一、《现代茶艺学》对茶艺的定义

《现代茶艺学》对茶艺的定义："茶艺是在茶道精神和美学理论指导下的茶事实践，是一门生活艺术。它包括艺茶的技能，品茶的艺术，以及茶人在茶事活动过程中沟通自然、内省自性、完善自我的身心体验。"其中茶艺"是一门生活艺术"，是茶艺概念的核心内涵，反映了茶艺的本质。

茶艺是一门艺术，这一点不存在争议。但是艺术有许多门类，有视觉艺术、有听觉艺术、有静态艺术、有动态艺术、有表演艺术、有生活艺术等，茶艺究竟是一门什么艺术却颇有争

§ 古茶树下的畅想曲

议。《现代茶艺学》强调茶艺是一门生活艺术而不是表演艺术，这是因为表演艺术重在视听效果，只要好看好听，能征服眼睛和耳朵即为成功。但是生活艺术一定要注重实用。《现代茶艺学》把茶艺定性为生活艺术，旨在强调茶艺必须做到"过程美"与"结果美"相统一。"过程美"是指茶艺表演的每一个环节都要符合美学表现法则。例如品茗环境的营造，茶具的选配，茶席的布置，背景音乐的选择，服装和化妆，茶艺程序的编排，茶艺的解说和演示，等等。"结果美"是强调茶艺归根到底要落实到泡出一杯（一壶）好茶。至于茶艺定义中艺茶的技能，品茶的艺术，沟通自然、内省自性、完善自我的心理体验等都是茶艺概念的外延，它们反映了茶艺活动的具体内容。茶艺的概念准确了，茶艺在实践与发展的过程中就不会迷失方向。

二、如何用《现代茶艺学》彰显
　　勐海茶、勐海味

明确了茶艺概念，接下来的主要问题是如何用《现代茶艺学》彰显勐海茶、勐海味。具体的方法是用"三足鼎立"的现代茶艺学理论新体系来指导茶事实践，用"四轮驱动"的茶艺培训新方法来促进茶艺发展。

（一）三足鼎立

"三足鼎立"是指现代人饮茶的三种不同方式：清饮、调饮、药饮。

1.清饮：清饮是在选定茶品之后不再添加任何辅料，用开水冲泡或用清水煎煮后品饮，闻到的是茶的本香，品到的是茶的原汁原味。这种方法精细高雅，是感官审评茶叶不可替代的方法，是汉族茶人的普遍爱好。但是清饮满足不了多数儿童、青少年、女士，各民族群众以及国外茶客的需要，所以必须用其他的品茶方式来补充。

2.调饮：调饮是指喝茶时根据自己的口味爱好，酌量加奶、糖、蜂蜜、花、果汁、果酱、冰、酒等各种自己喜爱的辅料，调配出可口的浪漫饮料。目前勐海县喝普洱茶的方式主要是清饮，虽然勐海县各民族的民俗茶俗多半是调饮，但是缺乏"去粗取精，去伪存真"的扬弃，满足于单纯的模仿，对调饮过程美的各个环节改进的不多，所以基本上没有能够引进到现代都市家庭，也没有成为大众日常生活的重要组成部分，在隆重的社交场合也很少应用。

对于调饮，有一些老茶人持不同的意见，担心调饮会破坏茶的原汁原味，但是这种喝茶方式深受我国各民族群众，尤其是青少年、女士和国外茶客的喜爱，例如近几年兴起的"喜茶""奈雪的茶""茶颜悦色"等都是调饮，虽然这些方法还有不足之处，但是调饮是很有经济潜力的一种喝茶方法，是与国际消费接轨的一种方法。所以，建议勐海县茶界抢占先机，率先加强这方面的研究和推广。

3.药饮：所谓"药饮"就是根据民间验方或国家正式出版物中介绍的养生茶配方，把茶与药食两用辅料配伍，配制成复方保健饮料，提升茶的养生功效。准确地说，"药饮"不是药，而是一种保健饮料，是预防疾病、强身健体的喝茶好方法。新疆维吾尔自治区的民众历史上就普遍有药饮的传统，并且收到了很好的效果。勐海县盛产多种药材，目前正在把茶产业与现代旅游康养业相结合，推广药饮可以一举多得。把精细高雅的清饮、温馨浪漫的调饮、益寿延年的药饮三者相互补充，相辅相成，相得益彰，才能全面彰显勐海茶，促进"一叶兴带动百业兴"。反之，"百业兴促进一叶兴"。

（二）"四轮驱动"

"四轮驱动"是指对表演型茶艺、生活型茶艺、营销型茶艺、养生型茶艺要分类深入研究，有针对性地分类开展培训，满足不同的需求。

1. 表演型茶艺

表演型茶艺是指由一个或几个茶艺师借助舞台、影视、网络、节庆活动、大型集会等平台演示泡茶技巧。其目的是吸引传媒聚焦，抓住大众眼球，引起社会的广泛关注，借以宣传茶文化，推广泡茶技法或者提升茶产区、茶企业、茶品牌的知名度。表演型茶艺又可以进一步细分为宫廷茶艺、文士茶艺、宗教茶艺、民俗茶艺、国外引进茶艺和时尚创新茶艺六类。

表演型茶艺源于生活，高于生活，既重视观赏价值，又注重实用价值和推广意义，所以必须学习舞台美学和舞台表演技巧，在动作熟练、准确、优美的基础上，茶艺师要像优秀演员一样能深刻理解茶艺主题，进入自己的角色，努力做到"传神达韵"。像梅兰芳大师演京剧一样，首先做到我演谁，我像谁，然后精进到我演谁，我是谁。"我演谁，我像谁"即使再像也仅仅是模仿。只有达到"我演谁，我是谁"才能和"角色"融为一体，一举手一投足，一颦一笑，都发自内心，纯任自然，毫不造作。

按理来说，勐海县用表演型茶艺彰显勐海茶、勐海味具有独特的优势，因为勐海的民族众多，并且都能歌善舞，具有表演天赋。但是从目前的实际情况看却不尽如人意，因为目前勐海茶艺基本上还停留在模仿传统民俗茶艺的初级阶段，还没有做到古法创新，新法承古，因此还未能根据品饮者的喜好，引导他们通过清饮、调饮或药饮，用不同的方式喝茶，去感受勐海茶千变万化，妙趣各异的勐海味。

2. 生活型茶艺

闻香识茶

生活型茶艺也称为生活待客型茶艺。顾名思义，即主人与客人一同赏茶、鉴水、闻香、品茗，在场的每一个人都是茶事活动的参与者，而不是旁观者。一般由主人泡茶，客人也参与茶艺美的创作，宾主都用心领略茶的色香味韵，也可以自由自在地切磋茶艺，或者探讨茶道精神和人生奥义。

生活型待客茶艺的应用十分广泛，不仅茶艺馆、茶庄中常用，而且适用于机关、学校、企事业单位、普通家庭和社交场所，是引导茶叶消费，开拓茶叶市场的较为有效方法，因此是现代茶艺学研究的"重中之重"。生活型茶艺特别强调美到极至是自然；不真不诚，不能动人。演示生活型茶艺切忌带上表演色彩，万万不可矫揉造作。服饰、化妆不宜过分浓艳。表情最忌讳夸张，一定要像接待亲朋好友一样亲切自然，真诚贴心。

生活待客型茶艺的程序简约，但并不简单。动作看似"随心所欲"，但却是千锤百炼之后的心血结晶，环环紧扣，自然流畅，如行云流水。取茶、醒茶、烫盏、摇香、高温开香、鉴赏汤色、品啜奇茗、三闻茶香、回味茶韵、观察叶底，每一个细节都紧扣主题——引导客人品悟勐海茶的勐海味。勐海的茶文化要想成为勐海茶产业发展的强大助力，要想成为勐海旅游业一道亮丽的风景线，在生活型茶艺上还要继续多下功夫。

3. 营销型茶艺

营销型茶艺是《现代茶艺学》研究的"重中之急"，是专门针对当前"卖茶难"的问题而设计的，目的是解决茶叶销售过程中"临门一脚"的问题，是一线茶叶销售人员应当掌握的基本功。这类茶艺在选配冲泡器皿时通常选用盖碗（三才杯）来泡茶，以便最直观地向顾客展示并讲解茶性。在泡茶时一切要从简，但是要做到"简约而不简陋"。

营销型茶艺没有固定的整套程序，因为在他们的眼里"茶"是由茶叶商品的保障因素和茶叶商品的魅力因素两部分构成的。茶叶商品的保障因素是指茶叶的物质属性，包括茶的色香味韵和卫生指标，茶叶商品的魅力因素是指它的文化内涵。营销型茶艺的任务是用最简单实用的手法展示茶的保障因素，即展示出茶叶美妙的色香味韵，介绍重金属含量、农药残留量、有害微生物含量等各项卫生指标是否达到了国家标准。茶叶商品的保障因素是茶叶销售的必要条件，但不是茶叶商品畅销的充分条件。

茶叶商品的魅力因素才是茶叶畅销的充分条件。魅力因素是指茶叶品牌的知名度、美誉度、忠诚度，茶叶的名贵度、珍稀度、独特的保健价值、生产者在茶界的声望地位、商品包装所彰显出的高雅脱俗的品位，以及茶叶的文化内涵和动人故事，等等。

在营销型茶艺的操作过程中,茶艺师不仅要泡好茶,熟练地展示茶叶商品美妙的保障因素,还要讲好茶,巧妙介绍茶叶商品诱人的魅力因素。只有茶艺师能把茶叶商品的保障因素和魅力因素两者巧妙结合,并且自信、真诚、耐心、善解人意、善于沟通,采用娴熟的营销技巧,才可能激发顾客的"即兴购买欲望",甚至产生"惠顾购买心理",最终实现营销目标,让顾客慕名而来,满意而归。

具体到勐海茶,营销型茶叶对彰显勐海味特别重要,因为目前在勐海茶界能完美地用冲泡技巧展示出勐海茶的保障因素,用丰富的茶叶商品学知识介绍勐海茶的魅力因素,并且掌握娴熟的营销技巧的人才凤毛麟角,有待于加强培养。

4. 养生型茶艺

现代养生型茶艺是把我们祖先的康养大智慧与当代国际上养生科技研究的最新成果相结合。以《黄帝内经》的养生理念和世界卫生组织《维多利亚宣言》中倡导的合理膳食、适度运动、戒烟限酒、心理平衡等健康长寿四大基石为基础,打破行业界限,茶界主动与医学、营养学、中药学、心理学、康养学、佛学、气功、食疗、理疗等学科协作,突破就茶论茶的框框,构建以茶养身、以道养心、以艺娱人的茶道养生理论新体系。修习养生型茶艺要特别注意一个问题,即不可过分执着于某一种茶,包括不可仅仅局限于勐海茶,因为"悟道"关键是要祛除差别心,祛除执着心,让自己的精神"破茧化蝶",取得灵魂的自由,用一颗平常心拥抱整个世界,泛爱所有的茶。

§ 幸福的微笑

如著名茶人林清玄所言：泡好喝的茶不一定要有好的茶叶，不一定要有什么特别的技术，只要有细腻体贴的心和对待人的善意，再普通的茶里也有无尽的滋味。这些知识是勐海县把茶产业与康养业相结合的发展战略必备的知识，但是这方面的内容非常丰富，无法在此展开，有兴趣的读者欢迎关注拙作《茶道养生的是与非》[1]。

三、引导大众以茶构建健康、诗意、时尚的美好生活

宣传勐海茶、勐海味的根本目的是引导大众以勐海茶构建健康、诗意、时尚的美好生活。美好生活自然离不开对美的感悟，只有学会审美观照，才能善于发现美，善于欣赏美，善于用美陶醉自己，然后用美感染别人，最终原天地之美，达万物

---

[1] 林治. 茶道养生的是与非[M]. 西安：世界图书出版公司，2020.

之理,实现茶人精神的升华。

要构建健康、诗意、时尚的美好生活,就要循循善诱,启发茶人认识到"幸福从心开始"。为了促进做到这一点,我写了一首诗——《从现在起,做个爱茶的人》:

从现在起,做个爱茶的人,
每天早上把水烧开。
听山泉在壶中吟唱,激起心潮澎湃。
看茶芽在水中舒展,倾吐出销魂夺魄的爱。

从现在起,做个幸福的人,
每天为她(他)把茶烧开。
把茶具洗净烫热,把音乐调到温柔缠绵,
看着她(他)欣喜地慢慢醒来。

从现在起,做个痴情的人,
每天用心把水烧开。
泡一壶古树老茶,
用茶香熏染温馨的家。
用老茶表达地老天荒的爱!

希望勐海县能够成为培养爱茶人的摇篮,希望勐海味能吸引更多的人。

爱上勐海茶,品懂勐海味,彻悟"茶味人生"。

第八节　用现代茶艺学助力勐海味

勐海世居民族的祖先发现茶、利用茶、栽培茶的历史已超过千年。从濮人的祖先种茶开始，他们用匠心、智慧和深情生产出了品质优异的勐海茶，自古以来就有以茶待客、以茶祭祖、以茶礼佛、以茶供神、以茶联谊的习俗。云南地域辽阔，除了汉族之外还有25个民族，各个民族"千里不同风，百里不同俗"，在长期的饮茶实践中形成了异彩纷呈的茶俗，创造出了各具魅力的茶艺。仅仅勐海县就有那卡竹筒茶、勐海青竹茶、哈尼族土锅茶、拉祜族烤茶、火焯茶、傣族"腊跺"（竹筒香茶)、纳西族龙虎斗、回族罐罐茶、彝族烤茶、德昂族腌茶、布朗族酸茶,等等。由此可见,普洱茶在勐海早已家喻户晓,勐海味早已深入人心,民俗茶艺在勐海早已普及,那么为什么这一节还要专门讲用现代茶艺学来彰显勐海味,助力勐海味呢?这主要基于以下两个原因。

一、现有茶艺无法适应勐海茶产业发展

勐海茶的进一步发展是否有必要学好《现代茶艺学》,首先要看我们现有的茶艺理论能否满足社会发展对茶艺各种功能的需要,要看现有的茶艺理论能否指导勐海茶艺迈上一个新台阶,促进勐海茶走进现代生活,走向时尚,走向多元化、走向世界。我们喜爱勐海茶,我们有充分的理由为勐海茶艺已取得的成就感到自豪,但是应当自豪而不自满,更不必天天为它唱

敬您一杯勐海茶——彝族茶艺师王定燕

颂歌。相反，越是热爱勐海茶文化，越应当认真观察思考，去发现当前勐海茶艺中还存在的不足，实事求是地正视问题，直言不讳地讨论问题，千方百计去解决问题。

我们在观察思考时应以什么为标准呢？标准就是勐海县茶产业发展的三大战略目标：

其一，要在"中国普洱茶第一大县"的基础上，把勐海县打造成"中国普洱茶文化第一强县"，通过茶艺创新来吸引全国各地的民众乃至世界各国的爱茶人士都爱上勐海味，恋上勐海茶。

其二，把勐海打造成世界各国茶人"万邦来朝"的茶文化圣地，让茶产业和旅游业比翼齐飞，真正实现一叶兴，百业兴。

其三，把现代茶文化与康养业结合，开创功在当代，惠及子孙，利国利民的生活娱乐型以茶康养新模式。要顺利实现这三大战略目标，就应当改变过去茶艺靠"摸着石头过河"的发展状况，用先进的茶艺理论指导茶艺转型升级。要做到这一点亟待解决以下三个问题。

（一）充分认识现有的茶艺学的"先天不足"

现有的茶艺理论存在"先天不足"是当前茶艺学存在的首要问题。现有的茶艺理论是建立在被"十年浩劫"彻底摧毁的传统文化废墟上的，基础百孔千疮，很不牢固。加上改革开放之前中国没有茶艺学这门课，所以在改革开放初期，我国农业院校的茶学专业根据形势发展的需要相继推出了茶艺课（或茶文化课），从校内抽调或从校外聘请了一些老师来教这门新课。尽管所抽调的老师都很优秀,但还是"术业有专攻"。我国茶艺学的第一代老师原本有的教茶叶栽培、有的教感官审评、有的教茶叶检验、有的教茶业经济学、有的教制茶学、有的教茶叶生物化学……这些老师接到新任务后仓促上马,在没有现成的茶艺教材可参考的情况下,开创这门新学科的难度之大可想而知。但是,茶艺复兴第一梯队的老师们排除万难,实现了零的突破,从无到有,编著出版了几种不同版本的茶艺教材和许多有影响力的专著,奠定了中国茶艺学的理论基础。他们对创立中国茶艺学厥功至伟。不过,仓促编写的茶艺教材难免存在一些不足,例如对茶艺学的学科性质、理论体系、主要任务及学科特点等阐述的都不够准确。经过了几十年教学实践再回头看,对现有的茶艺学进行修改补充不仅很有必要,而且正是时候。

就勐海县而言,要打造"中国普洱茶文化第一县",必然要率先重视现代茶艺学理论的学习、研究和推广,用现代茶艺学理论指导勐海茶艺克服现有的不足,迈上一个新台阶,取得进一步发展,不仅十分必要,而且是天赐良机。

(二)表面繁荣的茶艺满足不了茶产业发展的需要

这个问题是全国普遍存在的问题。我国目前的茶艺节目看起来琳琅满目,热热闹闹,但是模仿者多,创新者少;玩虚的多,务实的少;满足于表演的多,能满足大众生活和茶产业发展实际需要的少。总之,基本满足不了新时期各阶层民众对以茶构建健康、诗意、时尚的美好生活的需要，也满足不了茶艺要为引导茶叶消费，拓展茶叶市场，促进茶叶营销，推动茶产业发展服务的需要。具体表现如下。

其一，我国喝茶的人口比例小，人均茶叶消费量低。

我国是茶的故乡，茶是中国的国饮，按理说我国喝茶人口的比例和人均茶叶消费量都应该名列世界前茅。但是茶艺复兴四十年了，我国喝茶的人口比例仍然偏低。据统计，2018年我国喝茶的人口4.17亿，仅占总人口的33.8%（统计时总人口13.95亿）。其中19岁以下的青少年常喝茶的仅占9%；20~39岁的占21%；40~59岁的占32%；60岁以上的占38%。然而不产茶的英国喝茶的人口约占总人口的80%，相比之下差距十分明显。为什么会有这么大的反差呢？其中有一个重要的原因正是因为目前我国的喝茶方法不能投多数青少年和女士之所好，结果造成"可乐男孩""咖啡公主""红酒王子""洋酒西施"比比皆是，令老茶人伤心不已。

其二，我国人均茶叶消费量也不如人意。据国际茶叶委员会2018年公布的资料，世界各国的人均茶叶消费量第一名为土耳其，人均6.961磅；第二名是爱尔兰，人均4.831磅；第三名为英国，人均4.281磅。我国大陆地区人均茶叶年消费量仅1.248磅，排名世界第十九位，仅是土耳其的17.9%。造成这种现状的原因固然很多，但是无法否认，其中一个重要原因就是我国目前的茶艺喝法满足于清饮，对调饮和药饮研究的也不够，推广不力。

其三，由于喝茶方法单调，对茶叶商品的魅力因素研究不够，宣传不力和其他一些原因，导致茶叶营销成为茶产业发展的瓶颈，茶叶供过于求的矛盾越来越突出，茶叶滞销压库的现象越来越严重。进入21世纪以来，我国茶园面积发展很快，茶叶总产量增长迅速，2001年70.17万吨，出口24.97万吨，2019年茶叶的总产量达到279.34万吨，出口36.66万吨，2019年我国茶叶的总产量增加了209.17万吨。但是2019年茶叶出口量只增长了11.69万吨，始终在30万～36万吨上下徘徊。茶叶内销市场的拓展也不尽人意，茶叶销售成了制约我国茶产业发展的瓶颈，茶叶压库量急速增加。有的专家预测，近几年茶叶的压库量都在以每年不低于30万吨的速度持续增长，2020年将突破200万吨。这既是茶产业发展的沉重包袱，又是茶叶市场一个巨大的"堰塞湖"，如果"决坝"将非常危险。造成这种状况的重要原因之一就是目前的茶艺学对如何刺激茶叶消费，如何创新喝茶方法，如何引导更多的人爱喝茶、常喝茶、多喝茶、会玩茶，如何开拓茶叶市场，促进茶叶流通研究的不够，推广不力。目前的茶艺学基本不讲茶叶商品学知识，不讲茶叶市场学知识，没有营销型茶艺，对生活型茶艺、养生型茶艺的研究和推广也不够重视，所以满足不了推动茶产业发展的需要。

（三）满足不了大众与时俱进，追求健康、诗意、时尚美好生活的需求

茶艺是生活艺术，再高雅的艺术归根到底也是商品。是商品就必须按照市场规律来经营。但是目前我国的茶艺严重缺乏

市场营销理念,在编创茶艺时往往没有以市场细分化理论为导向,未能在市场细分化的基础上选准目标市场,根据目标市场的需求,投其所好,有的放矢,创编出目标市场所需要的节目。相反是以自我为中心,我行我素,我爱什么就编什么,我会什么就演什么。结果背离了市场营销的基本原则,只能是事倍功半,甚至劳而无功。不信请看,近几十年全国各地组织的各种"茶艺大赛"数以万计,各地花费了大量的人力、财力、物力、时间,绞尽脑汁,推出许多令人眼花缭乱的茶艺节目,但是这些节目都如昙花一现,表演后即成为过眼云烟。

勐海县和全国的其他茶产区一样,也组织过或者参加过许多各种规格的茶艺比赛。请问,我们费心劳神,竭尽全力参加比赛之后,有几个节目被大众接受了,有几个节目真正被引进现代家庭成为了时尚的生活方式?答案是没有,或者基本没有!这是一个非常令人痛心疾首的问题,但是长期以来我们一直忽略了这个问题。各个参赛单位领导和选手关注的是有没有得奖,得到的是什么等级的奖,而不是关注所选送的节目大众是否喜爱,是否乐于接受并加以推广。茶艺是否能进入千家万户,成为现代民众乐于接受的健康、诗意、时尚的美好生活新方式,才是考核茶艺成败的关键指标。

(四)满足不了"以道驭艺,以艺示道"弘扬茶文化的需要

茶文化是中华民族优秀传统文化的重要组成部分,是国家

的软实力。其中中国茶道是中国茶文化的灵魂,茶艺是茶道的表现形式。弘扬中国茶文化应当心术并重,道艺双修,以道驭艺,以艺示道。但是目前的茶艺教材基本上局限于就茶论茶,造成不少茶文化爱好者至今还分不清什么是茶艺,什么是茶道,更谈不上把多姿多彩的云南民俗茶艺取其精华,去其不足,发展成时尚浪漫的现代创新茶艺、有效有趣的强身健体茶艺、修身养性的宗教茶艺,并且与勐海的旅游业、康养业相结合,开创勐海县茶旅比翼双飞的新局面,构建茶道养身与现代康养深度结合的生活娱乐型康养新模式,为创建"西双版纳雨林春城"增光添彩。

为了解决上述问题,中国国际茶文化研究会和《茶周刊》正在组织专家学者,见仁见智展开全国大讨论,希望打破就茶

《 心灵手巧功夫细

论茶的旧框框，吸收相关学科的先进知识，以现有的《中国茶艺学》为基础，创编出《现代茶艺学》。

二、现代茶艺学的主要内容

要利用现代茶艺学为发展勐海茶产业，弘扬中国茶文化服务，就必须全面了解现代茶艺学的基本内容。

《现代茶艺学》是一门新兴的学科，是综合性很强的学科，它需要融会贯通多学科的相关知识，建立起能指导茶艺与时俱进的理论体系，首先要构建起三个层次的理论框架：

第一个层次，以茶艺的理论与技能为核心，吸收相关学科的先进知识，建立起以《中国茶道》为灵魂，以《茶艺美学》为表现法则，以《茶叶商品学》为识茶讲茶的理论根据，以《茶叶市场学》为创编茶艺的导向和推广茶艺的攻心法宝。然后在这个理论框架的基础上深化茶艺教学改革。

第二个层次，在《现代茶艺学》的理论大框架确定之后，在茶艺的具体教学中要建立三足鼎立，四轮驱动的理论体系。

所谓"三足鼎立"即喝茶的方式清饮、调饮、药饮三方面并重，让精细高雅的清饮、温馨浪漫的调饮、益寿延年的药饮三者和而不同、相互补充，相辅相成，相得益彰。

所谓"四轮驱动"是根据茶产业发展的需要和大众以茶构建健康、诗意、时尚生活的需要，对表演型茶艺、生活型茶艺、营销型茶艺、养生型茶艺这四大类型的茶艺分别深入研究。根据学员的需要，分别举办不同类型的培训班进行有针对性的培训。同时把孔子的教育思想引入茶艺教学实践，即对于想学茶艺的人有教无类，对所有想学茶艺的人无论男女老少都热情欢迎。但是具体学习哪一种类型的茶艺，则要根据学员的身体素质、兴趣爱好和具体需要因材施教。具体的教学方法要循序渐进，要制订短期培训和终身学习相结合的学习计划，不可急功近利急于求成。

第三个层次，用现代市场营销理论指导茶艺的创编、演出和推广。

茶艺是艺术，再高雅的艺术归根到底也是商品。是商品，就应当根据目标市场的需求，投其所好去创作。既然是商品，在推广过程中就应当遵循现代营销理论去操作。但是目前无论是创编茶艺还是推广茶艺，基本上都是"自以为是""我行我素"，满足于"三拍"，即拍拍胸脯接受任务；拍拍脑袋编排节目；热闹完了丢下一地"鸡毛"，就拍拍屁股走人。难怪有一些茶人痛心疾首地说：目前的茶艺基本是少数人在自娱自乐。

学好现代茶艺学，就可以指导"勐海茶、勐海味、勐海情"的宣传，并且不是单纯为宣传而宣传，而是在对市场进行细分化的基础上，选准目标市场，根据目标市场客人的饮茶爱好、心理需求、经济实力等要素投其所好，策划出"勐海味"的宣传方案。市场细分化的方法很多，本节仅介绍一种最简单的方法来抛砖引玉。

在宣传推广"勐海茶、勐海味、勐海情"时可以把受众群体分为三个层次的目标市场：茶是一种生活；茶是一种享受；

茶是一种修行。

第一个层次：茶是一种生活。在这一类人的心目中茶是"柴米油盐酱醋茶"之茶，即茶和柴米油盐酱醋一样，只是平常得不能再平常的生活资料。对这个层次的群体千万别把"勐海茶、勐海味、勐海情"讲得玄而又玄，捧到云里雾里，吹得天花乱坠，让这个层次的人感到高不可攀，甚至引起反感。让这个层次的民众体验勐海味，认可勐海味，一定要简便、直观、实用、实惠，并且所推介的饮茶方法要适合在普通家庭中操作，否则很难推广。

第二个层次：茶是一种享受。在这一类人的心目中茶是"琴棋书画诗酒茶"之茶，茶是他们构建健康、诗意、时尚美好生活的媒介。在这个层面的消费者眼中品茶是一种精致高雅的慢生活。向这一类人宣传"勐海茶、勐海味、勐海情"，在创编茶艺时就要充分考虑茶艺如何与插花、焚香、挂画、音乐疗法、芳香疗法、气功导引、饮食康养、瑜伽健身等生活艺术或康养理疗项目相结合，激活茶艺的生命力，使茶艺更加有趣味、有内涵、有品位。这部分消费者的人数虽然只占少数，但是他们有巨大的消费能力和影响力，能引领茶叶消费的新潮流，因此必须高度重视。勐海茶与勐海旅游业、现代康养业相结合的重点应当针对这个层次的人展开。其重中之重包括三个方面：

其一，对勐海当地各民族多姿多彩的茶风茶俗去粗取精，去伪存真，通过"古法创新，新法承古"，在品茗环境、茶具选配、用火方式、冲泡方法、背景音乐等方面下足功夫，从勐海民俗茶艺这块宝贵的"富矿"中，提炼出真金白银，从原生态的"翡翠原石"中，切割出"翡翠"，使勐海县的传统民俗茶艺升级换代，让勐海新民俗茶艺从深山老林走进繁华都市的现代家庭，在世界各地大放异彩。

其二，今后随着勐海旅游业的发展，茶产业和茶文化知名度的提升，来自世界各地的游客会越来越多，我们应当加强学习、研究、借鉴、创新各种优秀的茶艺，在茶艺方面真正做到三足鼎立，四轮驱动，为勐海旅游业的发展助力。不仅要让世界各地的游客在勐海喝好勐海茶，而且让他们从一杯茶中品味出中华民族传统文化的厚重积淀；从一杯茶中品味出中华各民族多姿多彩的民族风情；从一杯茶中品味出当代中国茶人海纳百川的包容之心和与时俱进的创新精神。只有这样，勐海的茶旅结合才能成为中国茶旅游业皇冠上的明珠。

其三，打破行业界限，把中华民族古代的养身大智慧与现代最先进的养身科学研究成果"高枝嫁接"，充分发挥茶道养生的优势，推广以茶养身，以道养心，以艺娱人的养生新模式，让人们在与茶相伴的生活中身心康乐，颐养天年。

第三个层次：茶是一种修行。茶在这一类人的心目中是"洗心涤髓，澡雪灵魂"的醍醐，是他们修身养性，参禅悟道，益寿延年的法门。这一类人对茶是否名贵一般不刻意追求，但是对以品茶净化心灵，启迪心性非常重视。因此对这一类人宣传"勐海茶、勐海味、勐海情"一定要厚积薄发，扣人心弦，引发共鸣。可以用禅宗公案与茶结合，以案说法；可以用日常生活的平凡琐事，通过诗歌与大家分享品茗悟道的心得体会。例如我在第八届世界禅茶大会上用自己创作的《品茗六悟》与各国来宾交流对禅茶一味的体会，就收到了意想不到的效果。

《一悟甘苦》

甘也罢，苦也罢，甘不贪恋苦不怕。

人生百味一盏茶，坦然细品味，甘苦皆笑纳。

《二悟浓淡》

浓也罢，淡也罢，无浓无淡无高下。

茶人常怀平常心，浓时品酽情，淡时享清雅。

《三悟冷热》

冷也罢，热也罢，世态炎凉任变化。

闲心静品七碗茶，冷眼看世界，壶里乾坤大。

《四悟沉浮》

沉也罢，浮也罢，莫以浮沉论高下。

自由自在展自性，平生任潇洒，沉浮无牵挂。

《五悟褒贬》

褒也罢，贬也罢，世人褒贬皆闲话。

身无傲气有傲骨，八风吹不动，褒贬皆放下。

《六悟贵贱》

贵也罢，贱也罢，莫以铜臭熏灵芽。

生态茶园

有缘得此苦口师，启迪真佛性，此茶值何价？

　　勐海县茶产业和茶文化发展的目标都十分远大，其中有一个目标是把勐海县打造成为万邦来朝的茶文化圣地。要实现这个远大的目标，除了要有能笑傲全球的茶文化硬件，还要有令人高山仰止的茶文化软件。这就要求有贯穿古今，真实可信的茶史；有一啜倾心，令人魂牵梦萦的好茶；有博大精深，融汇民族文化精髓的茶道；有异彩纷呈，能启迪心灵的茶艺。所以学习、研究、推广现代茶艺学是全面实现勐海县茶产业发展战略的一项基础工作。

第九节　了解百茶味　才知勐海味

宋代茶仙苏东坡在游庐山时写了一首富含哲理的诗《题西林壁》：

横看成岭侧成峰，远近高低各不同。
不识庐山真面目，只缘身在此山中。

这首诗告诫我们，看任何事物都必须超然于物外，只有站在超越该事物的高度去俯瞰，才能真切地了解该事物的全貌。我们研究勐海味，切不可就勐海味论勐海味，而是必须尽可能全面了解六大茶类，了解各个茶类的代表性名茶茶性的异同，然后再潜心探讨，才能真正领会勐海味。

一、绿茶的茶性

绿茶是用茶树新梢的芽、叶、嫩茎，经过鲜叶摊晾、杀青、揉捻、干燥等工艺制成的茶。绿茶是我国历史最悠久，品种最多，产量最大，消费面最广的茶类，2018年我国干毛茶总产量261.6万吨，其中绿茶172.24万吨，占全国茶叶总产量的65.8%，占内销总量的63.1%，出口30.29万吨，占出口总量的80%，三项指标均雄踞六大茶类榜首。从加工工艺上看，绿茶属于不发酵茶；从外形上看，高档绿茶都是以细嫩茶青为原料，属于芽茶类；从香气看，绿茶的香气清雅，以豆花香、嫩香、清香、毫香、栗香、兰花香为优，香气淡薄、沉闷、粗老为差，有烟味、焦味、霉味者为次品或劣变茶；从滋味看，绿茶以鲜、醇、甘、爽为佳。从总体看，绿茶的茶性特点为"一嫩三绿"即茶芽嫩、外形绿、汤色绿、叶底绿。

有人认为绿茶的茶性寒，我认为这种看法有待商榷，因为绿茶包括炒青绿茶、烘青绿茶、蒸青绿茶、晒青绿茶，以及通过高温提香新工艺生产出来的现代绿茶，各种绿茶的茶性都寒吗？茶性寒的标准是什么？如何测定？这些问题至今也没有人能说清楚，笼统地宣传"绿茶茶性寒，喝了伤脾胃，伤元气"既不利于绿茶的流通消费，也不利于用绿茶养生。

苏东坡赞美茶的传世名诗云：戏作小诗君一笑，从来佳茗似佳人。如果用佳人来喻茶，那么乌龙茶好比是风情万种、仪态万千、个性鲜明、成熟练达的明星；红茶好比温顺妩媚、温柔体贴、温情脉脉的东方少妇；白茶、黄茶如不食人间烟火的道姑；黑茶如朴实无华，富有爱心，体贴入微的农妇；而绿茶则如清丽脱俗、清纯可爱、洋溢着青春活力的春妆处子。

绿茶的代表性品种主要有西湖龙井、洞庭碧螺

《鉴赏鲜叶

春、黄山毛峰、六安瓜片、安吉白茶、太平猴魁、信阳毛尖、都匀毛尖、凤冈锌硒绿茶、蒙顶甘露、庐山云雾、汉中仙毫、南糯白毫、感通绿茶、紫阳富硒茶等。

二、红茶的茶性

红茶是世界上消费量最大的一种茶类，明朝末年创制于福建省崇安县（今武夷山市）。星村镇桐木关一带的正山小种红茶是世界红茶的鼻祖。到了清代，由于红茶的出口生意兴隆，福建、江西、湖南、广东、台湾等地也都大力发展红茶生产，大量生产功夫红茶。后来红茶的制法传到了印度和锡兰（今斯里兰卡）等国，我国红茶在国际市场上的垄断地位逐步被打破。2018年我国干毛茶总产量261.6万吨，其中红茶26.19万吨，占全国茶叶总产量的10%，居六大茶类的第四位；全国茶叶内销总量191万吨，红茶19万吨，仅占10%，也是居六大茶类的第四位；全国茶叶出口总量36.6万吨，红茶出口3.3万吨，仅占9%。这里特别要说的是2018年国际茶叶贸易总量185.4万吨，主要是红茶，而我国红茶出口3.3万吨，仅占1.78%。红茶是最受欧美各国高消费人群欢迎的茶类。除了我国之外，世界上90%左右的茶叶消费者都喜欢喝红茶，然而原产于我国的红茶无论是出口还是内销都不景气，这个反常的想象很值得我们深思。

红茶属于全发酵茶类，其特点是"红叶、红汤、红叶底"。汤色以红亮为上，尚红亮次之，欠红亮较差。香气以嫩甜香为上，有甜香次之，纯正较差。滋味以鲜醇甜和为上，醇厚次之，尚醇厚较差。红茶具有极好的兼容性，最适合加奶、蜂蜜、糖、果汁、柠檬、香料甚至加冰、酒，调和成各种浪漫饮料。如果用乐器来比喻茶，绿茶如短笛，其音清丽悠扬，最宜用于表达田园牧歌情调；乌龙茶如古编钟，其音古雅雄浑，自有矜持华贵的王公贵族之气；普洱茶如古琴，其音深沉、含蓄，时而志在高山，时而志在流水，引人遐思；红茶则像是萨克斯，其音色深沉、丰满、缠绵而浪漫，最能撩动人们对爱情的遐想。

红茶的代表性品种主要有正山小种、祁红功夫、政和功夫、坦洋功夫、滇红功夫、宁红功夫、浮红功夫、湖红功夫、越红功夫、天子山红茶、九曲红梅、金骏眉、红香螺、陈升红、英红九号等。

三、乌龙茶的茶性

乌龙茶明朝末年始创于福建省武夷山，也称为青茶，从外观上看它属于叶茶类，从加工工艺看属于半发酵茶。乌龙茶具有绿茶的鲜灵纯爽，红茶的馥郁甘醇，花茶的迷人芬芳，集众美于一身，自成大家气度。乌龙茶的汤色受发酵程度、火功水平影响较大，以金黄、橙黄、橙红明亮为好。红茶香气丰富多变，评价起来比较复杂，一般用如下评语：浓郁（带有浓郁持久的花果香），馥郁（比浓郁的香气更雅），浓烈（香气虽然高，但是不及浓郁或馥郁），清高（香气清长，但不浓郁），清香（清纯、柔和、幽雅），甜香（香气高而具有甜润感）。乌龙茶滋味的评价以岩韵（或音韵、丛韵），浓厚、醇和、醇厚为优，粗浓、青涩为劣。

若用画来比喻茶，绿茶是铅笔素描画，红茶是水粉画，黑茶是写意水墨画，乌龙茶是油画。因为乌龙茶凝重，红茶艳丽，而绿茶淡雅，黑茶质朴。乌龙茶以其香型丰富多变，滋味浓酽有风骨，韵味无穷，令人一啜便刻骨铭心无法释怀，正受到越来越多消费者的追捧和钟爱。2018年我国干毛茶的总产量261.6万吨，其中乌龙茶27.12万吨，占10.4%，居六大茶类的第三位。与2000年产量6.76万吨相比增长了三倍，是进入21世纪后增长较快的茶类。2018年内销21.2万吨，占茶叶内销总量的11.1%；出口量1.9万吨，比2017年增长17.19%，出口均价增幅30.74%，两项指标都是增幅最大的茶类，从发展趋势看乌龙茶的前景看好。乌龙茶近几十年的迅速崛起，与大力推广功夫茶茶艺密切相关。

乌龙茶的代表性品种主要有武夷大红袍、武夷肉桂、闽北水仙、章平水仙、铁罗汉、白鸡冠、水金龟、半天腰、铁观音、黄金桂、白芽奇兰、永春佛手、凤凰单丛、岭头单丛、台湾文山包种、台湾冻顶乌龙、台湾东方美人等。

四、黄茶的茶性

黄茶属于轻微发酵茶，有的茶书把它归到绿茶类。黄茶的生产加工工艺与绿茶很相似，只是比绿茶多了"闷黄"工艺，使得黄茶具有黄汤黄叶、香气清雅、滋味醇爽的品质特点。对黄茶汤色的评价主要有杏黄（浅黄略带绿），浅黄（浅黄明亮），深黄（黄色较深，但不暗），橙黄（黄中泛红，似橘黄色）。黄茶的香气评语主要有清鲜（清香鲜爽，细而持久），清高（清香高而持久），清纯（清香纯正），板栗香（似熟板栗香），高爽焦香（似炒青绿茶）。滋味的评语主要有甜爽（爽口而有甜感），醇爽（醇和可口，回味略甜），鲜爽（鲜纯爽口，甜醇）。如果用矿石来比喻茶，那么绿茶如翡翠般晶莹剔透，红茶如玛瑙般艳丽醉人，乌龙茶如玉石般神秘有韵，而黄茶则像田黄石般温润可人。黄茶依据原料的嫩度细分为黄芽茶、黄小茶和黄大茶三类。茶艺馆中常用的是黄芽茶，其茶性与绿茶相似，具有"清六经之火，通七窍之灵"的保健功效。2018年黄茶的产量0.8万吨，仅占全国茶叶总产量的0.3%，是六大茶类中的"稀有品种"。

黄茶的代表性品种主要有君山银针、蒙顶黄芽、霍山黄芽、莫干黄芽、海马宫茶、沩山毛尖、温州黄汤、北港毛尖、广东大叶青等。

五、白茶的茶性

白茶是我国的特产，主产于福建，创制于福鼎。福鼎有"东方佛国""海上仙山"之誉，气势雄浑，景色秀美，气候宜茶。福鼎大白茶母树生长地太姥山以"石奇、峰秀、洞幽、茶好"四绝闻名遐迩。白茶属于轻微发酵茶类，干茶的表面密布白色茸毫，形成这种特征的原因有二：

其一是以茶芽多毫的茶树品种（如福鼎大白茶、福鼎大白毫、政和大白茶、福安大白茶、水仙等）的幼嫩芽叶制成。

其二是加工时不炒、不揉，而是用晾晒或低温烘干的特殊加工工艺。白茶茶性清凉降火、汤色杏黄清澈明亮，香气清悠鲜嫩高雅、滋味醇爽清甜，故有"清茶"之称。

白茶的茶性特点可以归纳为三句话：

其一，功同犀角，清热解毒。民间认为白茶是防治小儿麻疹，防治流感的圣药。

其二，比较耐储存，民间有当年茶，三年药，七年宝之说。

其三，近年来，越来越多的人喜欢上了白茶，人们戏称白茶为排毒养颜有点甜，存放几年更值钱。2018年白茶的产量3.37万吨，占全国茶叶总产量的1.3%，虽然比重不高，但是发展很快，比2017年增长了33.7%，白茶是越来越引人注目的璀璨明珠。因为白茶有退热祛暑之功效，不仅是夏日的保健饮料，而且是吃烧烤、涮火锅、熬夜看球赛和参加户外活动的佳饮。

白茶的代表性品种主要有北路白毫银针、西路白毫银针、白牡丹、贡眉、寿眉、新工艺白茶、花香白茶、老白茶等。

六、黑茶的茶性

黑茶属于后发酵茶。"后发酵"与前边几种茶类的"全发酵""半发酵""轻微发酵"有本质不同，前边所说的"发酵"

都是茶叶中无色的茶多酚经揉捻后，在胞外酶作用下的酶促氧化反应。"后发酵"是在湿热和微生物的共同作用下，茶的内含成分发生一系列氧化、分解作用，形成黑茶独特的品质。黑茶的基本工艺流程是杀青、揉捻、渥堆发酵、干燥。因为多数黑茶所用原料较粗老且渥堆发酵时间较长，所以成品茶呈油黑色或黑褐色，故称黑茶。黑茶的茶性特点主要有四个方面：

其一，茶相比较粗老，较耐冲泡，宜煮饮。

其二，黑茶在渥堆发酵过程中温湿度较高，且有微生物参与。有益微生物在生长繁殖过程中能把茶叶中不溶于水，人体无法消化吸收的粗蛋白、纤维素等高分子部分分解转化成可溶于水，人体能够吸收利用的营养素。

其三，通过益生菌发酵，黑茶汤色橙黄带红，陈香醇正，滋味醇和，既适宜清饮，也适宜调饮，更适合药饮。

其四，中医认为黑茶茶性温、平，有利于消食、减肥、预防三高，能调理肠道微生物群落。

2018年全国黑茶（含普洱茶熟茶）的产量31.89万吨，占全国干毛茶产量的12.2%。内销23.3万吨，占内销茶叶总量的14.0%，两项指标均居六大茶类的第二位，足见黑茶在整个茶产业中占有重要地位。不过，黑茶的出口量微乎其微，只占茶叶出口总量的0.8%，建议有关方面组织力量研究对策。

黑茶是一个庞大的家族，代表性品种主要有广西六堡茶、湖南茯砖茶、湖南黑砖茶、湖南花砖茶、临湘青砖、安化天尖、安化贡尖、安化生尖、湖北老青茶、四川边茶、陕西泾阳茯茶、云南普洱茶（熟茶）等。

第十节　如何充分展示勐海味

勐海味是人体感官和心理对勐海茶的色、香、味、韵、气的综合反映，要想充分感悟勐海茶的勐海味必须借助于现代茶艺。现代茶艺是一门综合性很强的生活艺术，构成这门艺术的六要素是人、茶、水、器、境、艺。品饮勐海茶感悟勐海味，应当尽力做到人之美，茶之美，水之美，器之美，境之美，艺之美。六美荟萃，相得益彰，这样才能充分享受到勐海味的无上妙趣。

一、人之美

人是万物之灵，人之美是万物之美皇冠顶上的明珠。一个人的仪表美、风度美、语言美是最有魅力的名片，它是构成社交亲和力的基础。在茶事活动过程中，举止仪态、气质风度、礼貌修养是茶艺师感染力、影响力、凝聚力的基础。人们对外部事物的感受往往先入为主，第一眼的印象具有主导作用，所以在茶事活动过程中，泡茶者的人之美对于品茶者感悟茶之美有很大的影响力，我们必须高度重视。在茶艺美学中人之美有两重含义。一方面是作为自然人所表现的外在美，如仪表美、风度美。另一方面是作为社会人所表现出的语言美、心灵美。

§ 温婉如茶

（一）仪表美

茶艺审美从一开始就特别注意演示者的仪表美。仪表美是形体美、服饰美与发型美的综合表现。

1. 形体美

德国哲学家费尔巴哈曾经说过：世界上没有什么比人更美，更伟大。德国大诗人歌德赞美道：不断升华的自然界的最后创造物就是美丽的人。雕塑大师罗丹指出：我们对于人体，不是缺少美，而是缺少发现。去认识人体美，发现人体美是人类探索的一个永恒的话题。那么怎样才是当代人们心目中的形体美呢？简而言之，茶艺工作者形体美的基本要求是发育正常、五官端正、四肢匀称、身材适中、容貌可人。从事茶艺工作对于手和牙齿有较高的要求。手是人的第二张脸,在茶事活动过程中最引人注目的就是脸(眼睛)和手。因此,招工时对从业人员的手形、手相、皮肤、指甲都要认真观察。牙齿要整齐、洁白。一个人形体美的有些条件在发育定形后就不会再得到改善,而有些则是可以通过形体训练可以改善。坚持科学的形体训练是保持形体美,改善形体美的有效途径,因此是现代茶艺学的必修课。

2. 服饰美

俗话说:三分长相,七分打扮。服饰不但能反映出着装人的性格与审美趣味,并且会影响茶艺表演的效果。据《新唐书·列传》记载,唐代有一名太守李季卿嗜茶,有一次他召陆羽的崇拜者常伯熊煮茶。常伯熊兴高采烈地更换上得体的服装,带上全套茶具,盛装去演示煮茶技巧。李季卿看了大为叹服,重赏了常伯熊。常伯熊向李季卿推介说陆羽才是当代最杰出的茶道大师。于是李太守派人去请陆羽来煮茶。然而陆羽不事修饰,穿着便服赴会,茶虽然煮得很好,但李季卿却不以为然,叫手下拿200文钱打发陆羽回去。陆羽又羞愧又气愤,回去之后一怒之下写了《毁茶论》。茶圣在演示茶艺时不注重服饰尚且铩羽而归,我们理当引以为训。

茶艺表演中的服饰美有什么基本要求呢?首先应符合所要表演的茶艺主题,其次才是布料质地,服装式样,做工,色泽。对于服装款式,宫廷茶艺有宫廷茶艺的要求,民俗茶艺有民俗茶艺的格调,表演者要穿着与茶艺主题相吻合的服装,借服装彰显演示者所表现的时代、民族、身份、地位,以便突出主题,深化主题。在正式表演时,表演者不可戴手表,不宜佩戴过多的装饰品,不宜涂抹有香味的化妆品,不可浓妆艳抹,忌涂有色指甲油。优秀的茶艺师要善于巧借颜色搭配,"妆"出魅力绽放。要善于搭配首饰、围巾等"妆"出气质,"妆"出时尚。颜色搭配要遵守"三色原则",即从头到脚大面积的色彩一般不可超过三种颜色,并且上衣、裤子和鞋的颜色要协调。首饰搭配要注意人物个性塑造和简素美的原则,不可喧宾夺主,更不可媚俗取宠。

3. 发型美

化妆的魅力箴言是:美丽,从头开始。发型美既是仪表美三要素中很重要的一个要素,又是比较容易被忽视的一个要素。拥有美丽的秀发,人就会显得自信从容,神采奕奕。浪漫的长卷发、清新的高马尾、活泼可爱的低马尾、甜美的披肩发……近年来各式各样个性化的发型蔚为时尚,这是社会开放的必然结果。但是就茶艺表演而言,发型的个性化不可以与茶艺的主题相冲突,必须结合茶艺的主题,服装的款式,表演者的年龄、身材、皮肤、脸型、头型、发质等因素,尽可能取得整体和谐美的效果。

仪表美给人的印象直观,视觉冲击力强,是茶艺审美的前奏曲。从社会学的观点看,仪表美不仅在一定程度上反映了茶艺表演者个人的精神面貌和审美修养,而且可以反映出茶艺师所在单位的总体素质和管理水平，所以必须高度重视。

（二）风度美

一个人的风度是在长期社会生活实践中和一定的文化氛围熏陶下逐渐形成的，是个人性格、气质、情趣、素养、精神世界和生活习惯的综合表现，是社交活动中的无声语言。一般而言，不同阶层、不同职业的人会有不同的风度。例如，学者有学者的风度，政治家有政治家的风度，军人有军人的风度，演员有演员的风度，茶人自有茶人的风度。风度美包括仪态美和神韵美两个部分。仪态美主要表现在礼仪周全、待人诚恳、举止端庄、风趣幽默、洒脱有度。如站姿、坐姿、步态、言谈、面部表情、肢体语言的美感和感染力等，这些在修习现代茶艺时要坚持经常性训练。

神韵美是一个人的神情和风韵的综合反映，主要表现在眼神和脸部表情，即文学作品中所描写的眉目传神，顾盼生辉，一笑百媚生。茶人的神韵美应特别注意巧笑倩兮，美目盼兮。以"巧笑"使人感到亲切、温暖、愉悦。通过眉目传神，顾盼生辉来打动人心，给人以活生生的美的享受。神韵美与仪态美相配合，便可化"美"为"媚"。"美"是静态的，而"媚"则是动态的。动态的"妩媚"比静态的"美"更加动人。古典文学中形容美女肌肤如雪，面若桃花，齿如含贝，手似柔荑那只是美。李清照在《点降唇》中描写的农村少女和羞走，倚门回首，却把青梅嗅的动人神情才是"媚"。

（三）语言美

俗话说：好话一句三冬暖，恶语一句六月寒。这句话形象而生动地概括了语言美在社交中的作用。茶室是现代文明社会中高雅的社交场所，它要求的语言美包含了语言规范和语言艺术两个层次。

1. 语言规范

语言规范是语言美的基本要求。在茶室中的语言规范可归纳为：待客有"五声"。"五声"是指宾客到来时有问候声，落座后有招呼声，得到协助和表扬时有致谢声，麻烦宾客或工作中有失误时有致歉声，宾客离开时有道别声。在待客时应使用"敬语"，敬语是旅游服务行业的行业用语之一，其最大特点是彬彬有礼，热情庄重，使听者消除生疏感，产生亲切感。要杜绝的"四语"为：不尊重宾客的蔑视语，缺乏耐心的烦躁语，不文明的口头语，自以为是或刁难他人的斗气语。

2. 语言艺术

话有三说，巧说为妙。美学家朱光潜先生曾说：话说得好就会如实地达意，使听者感受到舒适，发生美感。这样的说话，就成了艺术。可见，语言艺术一是要"达意"，二是要令人"舒适"。"达意"即语言要准确，吐音要清晰，用词要得当，不可"含糊其词"，更不可"夸大其词"。"舒适"即要求说话的声音柔和悦耳，吐字娓娓动听，节奏抑扬顿挫，风格诙谐幽默，表情真诚自信，表达流畅自然。要达到使听者"舒适"，还应切忌说教式或背书式的讲话，而应当如挚友谈心，亲切自然、娓娓动听地沟通交流，引发对美的共鸣。

（四）心灵美

心灵美是人的其他美的根本依托，是人的思想、情操、意志、道德和行为美的综合体现，是人的"深层次之美"。心灵美的核心是善。那什么是善呢？孟子说：恻隐之心，仁之端也；羞恶之心，义之端也；辞让之心，礼之端也；是非之心，智之端也。人之有四端也，尤其有四体也。也就是说，恻隐之心、羞恶之心、辞让之心、是非之心是人与生俱来的善心。茶艺师心灵美的最高境界表现为亲亲而仁民，仁民而爱物，即从爱自己的亲人开始，做到泛爱每一个人。再从泛爱每一个人扩展到泛爱大自然，泛爱世间万物。具体地说，就是要做到在生活中时时处处事事为别人着想，连最细微的小事也不马虎。古希腊哲人柏拉图曾说：身体美与心灵美的和谐一致是最美的境界。我们修习茶艺正是要使自己做到外在美与心灵美和谐一致。我们有理由自豪地说：至善至美哉，茶人！

二、茶之美

唐代诗人杜牧在《题茶山》一诗中赞道：山实东南秀，茶称瑞草魁。瑞草是神话传说中的仙草。瑞草很美,茶是瑞草的"魁首",茶理所当然最美。茶之美主要包括以下五个方面。

(一) 茶名之美

中华民族文化有一个传统,喜欢为美好的东西起一个美好的名字。茶名大体上可概括为五大类。

第一类是地名加茶树的品种名称,从这类茶名我们一眼可了解该茶的品种和产地。例如武夷大红袍、闽北水仙、安溪铁观音、永春佛手等。其中的武夷、闽北、安溪、永春是地名,大红袍、水仙、铁观音、佛手是茶树的品种名称。

第二类是地名加茶叶的形状特征。如六安瓜片、平水珠茶、凤冈翠芽、雷山银球、信阳毛尖、君山银针等。其中六安、平水、凤冈、雷山、信阳、君山是地名,瓜片、珠茶、翠芽、银球、毛尖、银针是茶叶的外形。

第三类是地名加上富有想象力的名称。如庐山云雾、敬亭绿雪、舒城兰花、恩施玉露、日铸雪芽、南京雨花、顾渚紫笋等。其中庐山、敬亭、舒城、恩施、日铸、南京、顾渚是地名,而云雾、绿雪、兰花、玉露、雪芽、雨花、紫笋等都能引起人们美妙的联想。

第四类有着美妙动人的传说或典故。如洞庭碧螺春、西湖龙井、文君嫩绿、铁罗汉、水金龟、白鸡冠、黄金茶、绿牡丹等。

其他统统可归为第五种类型,这类茶名以丰富的文化素材为背景资料,有的具有浓厚的宗教色彩如普陀佛茶、麻姑茶、金佛、佛手、丹增尼玛等；有的以吉祥物命名，如太平猴魁、遂昌银猴等。有的反映了采茶时令，如谷雨春、不知春等。有的以历史人物或神话传说人物命名，如文君茶、女娲银峰等。

总之，好的茶名都能引发茶人美好的联想。赏析茶名之美，实际上是赏析中国传统文化之美，是赏析茶人心灵之美。从赏析茶名之美中，我们不仅可以学到茶文化知识，而且可以看出我国茶人的文化底蕴和美学素养，可以体会茶人爱茶的全方位追求。近年来在茶叶取名方面又有了新发展，例如凤冈锌硒绿茶、恩施富硒茶都直接点明了该茶的独特营养保健成分；又如金花茯茶"丹增尼玛"翻译成汉语是"吉祥的阳光"或"温暖的阳光"，很受大众喜爱。这是时代的进步。勐海县有许多盛产大树茶、古树茶的名山、名寨，在介绍名茶的时候千万不要忘记介绍产地的名称，一定要通过反复介绍，给客人留下深刻印象，不断提升勐海普洱茶名山名寨的知名度。

（二）茶形之美

我国的基本茶类包括绿茶、红茶、乌龙茶（青茶）、黄茶、白茶、黑茶、普洱茶等，这些茶的外观形状虽有差别，但在茶人的眼里无论是什么茶，都有其形态之美。例如绿茶可细分为光扁平直的扁形茶，细紧圆直的针形茶，紧结如螺的螺形茶，弯秀似眉的眉形茶，芽壮成朵的兰花形茶，单芽扁平的雀舌形茶，圆如珍珠的珠形茶，片状略卷边的片形茶，细紧弯曲的曲形茶，以及卷曲成环的环形茶十种类型。

对"粗枝大叶"的乌龙茶,茶人也能总结出乌龙茶之美。例如对于安溪铁观音茶农有"青蒂绿腹蜻蜓头,美如观音重如铁"之说。武夷山的茶农对于武夷岩茶则有"乞丐的外形,菩萨的心肠,皇帝的身价"之说。我国台湾的"膨风茶"外观粗枝大叶,但是却被命名为"东方美人""香槟乌龙"。对于勐海茶的外形之美希望珍爱勐海茶的茶人用心做出精彩的总结。

(三)茶色之美

茶叶的色泽在感官上先声夺人,给人一种质感,在茶艺表演中则给人赏心悦目的视觉享受。茶色之美包括干茶的茶色、茶汤的汤色、叶底的颜色三个方面。在茶艺中主要是鉴赏茶的汤色之美。不同的茶类应具有不同的标准汤色。在茶叶审评中常用的术语有:"清澈",表示茶汤洁净透明有光泽;"鲜艳",表示汤色有活力;"乳凝",表示茶汤冷却后出现有乳状浑浊现象。但是茶艺师在评价茶的汤色时与审评师不同,一般是把专业术语和诗意的语言相结合。例如把色泽艳丽醉人的茶汤比作"流霞",把色泽清淡的茶汤比作"玉乳",把色彩变幻莫测的茶汤形容成"翠缕烟",把红亮艳丽的红茶汤称为"宝石红",等等。唐代大书法家颜真卿在《月夜啜茶联句》中写道:流华净肌骨,疏瀹涤心原。唐代诗人李郢写道:金饼拍成和雨露,玉尘煎出照烟霞。乾隆皇帝写道:竹鼎小试烹玉乳。徐夤在《尚书惠蜡面茶》一诗中写道:金槽和碾沉香末,冰碗轻涵翠缕烟。茶香缭绕,茶烟氤氲,茶汤似翠非翠,色泽似幻似真,这种意境真是美极了。

（四）茶香之美

香气是茶叶品质的灵魂,是茶能令人销魂夺魄的魅力因素。茶香缥缈不定,变化无穷,有的甜润馥郁,有的清幽淡雅,有的高爽持久,有的鲜灵沁心。按照评茶专业术语,仅茶香的特性就有嫩香、清香、高香、浓香、幽香、纯香、甜香、果香、乳香、火香、陈香等。按照茶香的香型可分为花香型和果香型或细分为水蜜桃香、板栗香、木瓜香、兰花香、桂花香等。按照茶香产生的主要原因分为品种香、地域香、气候香、树龄香、工艺香等。按照香气的表现则可分为馥郁、高爽、持久、浓郁、浓强、纯正、纯和、平和等。

自古以来,越是捉摸不定变幻莫测之美越能打动人心,越能引起文人墨客的争相赞颂。唐代诗人李德裕描写茶香为:松花飘鼎泛,兰气入瓯轻。温庭筠写道:疏香皓齿有余味,更觉鹤心通杳冥。宋代苏东坡写道:仙山灵草湿行云,洗遍香肌粉未匀。王禹偁称赞茶香曰香袭芝兰关窍气。范仲淹称赞茶香曰：斗茶香兮薄兰芷。清代高士奇赞美武夷茶香曰：香夺玫瑰晓露鲜。乾隆形容茶香如古梅对我吹幽芳。这些描写茶香的诗句很值得我们学习借鉴，最好能多背诵一些，在讲茶时恰当引用，能令人感到你是能口吐莲花，妙语连珠的才子或才女。

茶香有一大特点，其香气不仅因茶而异，而且会随着温度的变化而变化。据陈宗懋院士的研究：目前在茶叶中已鉴定的500多种挥发性香气化合物，这些不同香气化合物的不同比例和组合就构成了各种茶叶的独特香味。另外，茶中的芳香族物质有的在高温下才挥发，有的在较低的温度即可挥发，所以在品味勐海味时，闻茶香不仅要热闻、温闻，还要冷闻；不仅要干闻，还要在开汤之后闻茶的水面香、挂杯香、杯底留香，只有这样才能全面感受到茶香之美。

（五）茶味之美

滋味是茶叶品质的风骨。茶的滋味是人的味觉器官对茶汤中化学物质的综合反应。虽然从生理学上讲只有甜、酸、苦、咸四种基本味，但是，茶汤中溶解的化学物质多达近千种，综合之后百味杂陈，其中能感觉到的主要有苦、涩、甘、酸、鲜、活、咸。苦是指茶汤入口，舌根感到类似奎宁的一种不适味道，好茶之苦应如优质咖啡或啤酒般的小苦，苦后即化开，很快回甘。涩是指茶汤入口有一股不适的麻舌之感。甘是指茶汤入口回味甜美。酸是指有机酸作用于舌面中部两侧的微妙反应。鲜是指茶汤的滋味清爽宜人。活是指品茶时人的心理感受到舒适、美妙、有活力。在此基础上，审评师们对茶的滋味有鲜爽、浓烈、浓厚、浓醇、醇爽、鲜醇、醇厚等赞言。

品鉴茶味主要靠舌头。因为味蕾在舌头的各部位分布不均匀，舌尖对甜味敏感，舌面两侧前部对咸味敏感，舌侧中部对酸敏感，舌心对鲜涩敏感，舌的根部对苦味敏感，所以在品茗时应小口细品，让茶汤在口腔内缓缓流动，使茶汤与舌头各部位的味蕾都充分接触，以便精细而准确地判断茶味。另外，在这里要特别强调勐海茶的茶多酚含量较高，喝多了或者连续喝会使味蕾麻木，降低味觉的敏感度，所以在品鉴过程中每换一道茶，都要喝一小口温开水清洗口腔，激活味蕾。

古人品茶最重茶的"味外之味"。不同的人，不同的社会地位，不同的文化底蕴，不同的环境和心情，可从茶中品出不同的"味"。

吾年向老世味薄，所好未衰惟饮茶。 历尽沧桑的宋代文坛宗师欧阳修从茶中品出了人情如纸、世态炎凉的苦涩味。

蒙顶露芽春味美，湖头月馆夜吟清。 仕途得意的文彦博从茶中品出了春天山野的鲜活味。

森然可爱不可慢，骨清肉腻和且正。雪花雨脚何足道，啜过始知真味永。 豪气干云，襟怀坦荡的苏东坡从茶中品出了"和且正"的君子味。

双鬟小婢，越显得那人清丽。临饮时须索先尝，添取樱桃味。 风流倜傥的明代文坛领袖王世贞，从美人樱桃小口尝过的茶汤中品出了"樱桃味"。

人生百味，茶何止百味？从一杯茶中我们可以有良多的感悟，所以人们常说"茶味人生"，我们在修习现代茶艺学时应当向古人学习，重在感受茶的"味外之味"。

三、水之美

郑板桥写有一幅茶联：从来名士能评水，自古高僧爱斗茶。这幅茶联生动地说明了"评水"是"斗茶"的基本功，所以茶人们常说水是茶之母或水是茶之体，茶是水之魂。早在唐代，陆羽在《茶经》中对宜茶用水就做了明确的规定。他说：其水用山水上、江水中、井水下。明代的茶人张源在《茶录》中写道：茶者，水之神也；水者，茶之体也。非真水莫显其神，非精茶曷窥其体。张大复在《梅花草堂笔谈》中提出：茶性必发于水。八分之茶，遇十分之水，茶亦十分矣；八分之水，试十分之茶，茶只八分耳。以上论述均说明了在我国茶艺中，精茶配美水才能给人至高的享受。

最早明确地提出评水标准的是宋徽宗赵佶，他在《大观茶论》中写道：水以清、轻、甘、冽为美。轻甘乃水之自然，独为难得。这位精通百艺独不精于治国的亡国之君的确是才子，他最先把"美"与"自然"的概念引入鉴水中，升华了茶文化的内涵。后人在他提出的"清、轻、甘、冽"的基础上，又增加了个"活"字。现代茶人认为"清、轻、甘、冽、活"五项指标俱佳的水，才称得上宜茶美水。

其一，水质要清。水之清表现为：朗也、静也、澄水貌也。水清则无杂、无色、透明、无沉淀物，最能显出茶的本色。故清澄明澈之水称为"宜茶灵水"。

其二，水体要轻。明朝末年无名氏著的《茗笈》中论证说：各种水欲辨美恶，以一器更酌而称之，轻者为上。清代乾隆皇帝很赏识这一理论，他无论到哪里出巡，都要命随从带上一个银斗，去称量各地名泉的比重，并以水的轻重评出了名泉的次第。北京玉泉山的玉泉水比重最轻，故被御封为"天下第一泉"。现代物理学证明了这一理论是正确的。水的比重越大，说明溶解的矿物质越多。矿物质含量超标，对茶汤的香气、味道、色泽可能造成不良影响。我们提倡在茶事活动中选用信誉可靠的企业生产的罐装饮用水。

其三，水味要甘。田艺蘅在《煮泉小品》中写道：甘，美也；香，芬也。泉惟甘香，故能养人。凡水泉不甘，能损茶味。所谓水甘，即水一入口，舌尖顷刻便会有甜滋滋的美妙感觉，咽下去后，喉中也有甜爽的回味，用这样的水泡茶自然会增添茶的美味。

其四，水温要冽。冽即寒冷之意。明代茶人认为：泉不难于清，而难于寒。冽则茶味独全。因为寒冽之水多出于地层深处的泉脉之中，所受污染少，泡出的茶汤滋味纯正。

其五，水源要活。流水不腐，户枢不蠹。现代科学证明了在流动的活水中细菌不易繁殖，同时活水有自然净化能力，在活水中氧气和二氧化碳等气体的含量较高，泡出的茶汤鲜爽可口。

现代茶人评水有更科学的标准，这个标准就是我国 2006

年12月29日发布的《生活饮用水卫生标准》（GB5749—2006）。其中有一个非常重要的指标——水的酸碱度。水的酸碱度用pH值来表示。pH低于7的称为酸性水，pH等于7的称为中性水，pH大于7的称为碱性水。泡茶宜用中性水或弱酸性水，当pH小于6.5时不宜饮用，pH6.5~7最适合泡茶。pH大于7的属于碱性水，用碱性水泡茶，茶黄素会加速氧化而损失，茶红素则由于自动氧化而使茶汤的汤色发暗，同时茶汤的鲜爽度也会降低，还影响香气的挥发。pH大于8.5的水就不适合饮用了。

在现代，大气、土壤、江、河、湖、井普遍受到污染，各种天然的宜茶之水都很难得，在茶事活动中比较简便实用的方法是对自来水进行适当的处理，改良其水质，使之成为适合泡茶的好水，这项工作通常称为"养水"。"养水"的方法有三种。

其一是用陶瓷水缸储水后，静置一段时间，使自来水中的氯气挥发，水质自然净化。

其二是借助市场上出售的净水机，或用逆渗透法、阴阳离子法、活性炭过滤法改良水质。

其三是用麦饭石、活性炭来养水，用这种方法养水要注意每隔一段时间就要彻底清洗晾晒辅助物，以确保水质新鲜甜美。

四、器之美

《易经·系辞》中载：*形而上者谓之道，形而下者谓之器*。"形而上"是指看不见，摸不着，无形无影的哲理、法则、精神、规律。"形而下"是指有形的物质。在茶艺中，我们既要重视"形而上"，又要重视"形而下"，即既要重视以艺示道，弘扬茶道精神，又要重视加强对器之美的研究，通过提升茶艺的形式美来反映无形无影的茶道精神。

（一）择器

受"美食不如美器"思想的影响，我国自古以来无论是饮还是食，都极看重器之美。葡萄美酒夜光杯（唐·王翰）；不羡黄金罍，不羡白玉杯（唐·陆羽）；响松风于蟹眼，浮雪花于兔毫（宋·苏东坡）。在这些名诗中所提到的夜光杯、黄金罍、白玉杯、兔毫盏等都是极精美的饮之器，可见在我国古代，早就形成了美器与美食珍饮相匹配的传统。在唐代，陆羽在《茶经》中设计了二十四种配套的茶具，并强调说：但城邑之中，王公之门，廿四器缺一，则茶废矣。也就是说在城市，特别是在王公贵族之家，正式品茗时如果二十四种茶具缺少一种，都称不上茶道。

茶具没有所谓的"最好"，只要根据茶性和泡茶的目的选配得合理即可。选择搭配茶具是茶艺的基本功之一，在选择茶具时应当因茶制宜、因人制宜、因艺制宜、因境制宜，并发挥自己的创造性，根据美学的表现法则进行合理搭配。

1.因茶制宜

首先选择茶具时必须了解茶性，进一步要顺应茶性，使所选的茶具能充分抒发所冲泡茶的内质美,即茶具要为展示茶的色香味韵之美服务。例如冲泡乌龙茶,宜用紫砂壶或盖碗;冲泡红茶宜选用较宽松的瓷壶;冲泡高档绿茶宜选用晶莹剔透的玻璃杯;冲泡低档绿茶宜用瓷壶;冲泡花草茶或调配浪漫音乐红茶宜选用造型别致的鸡尾酒杯或精美的细瓷壶配马克杯。试想一下,如果选用紫砂壶冲泡西湖龙井,那么龙井茶"色绿、香郁、味醇、形美"四绝,至少有色绿、形美这两绝你享受不到。相反,因为紫砂壶保温性能好,稍不留神,水温过高,就会闷坏了茶,造成熟汤失味,龙井茶那淡淡的豆花香、兰花香和鲜醇的滋味你也享受不到。这样,哪怕你选用的紫砂壶出于工艺美术大师之手,你的选配仍是失败的。

2. 因人制宜

不同年纪、不同民族、不同地区、不同学养、不同阶层的人有不同的爱好。在不影响展示茶的色、香、味、形美的前提下,茶具的选择和搭配要充分考虑到人的因素。例如冲泡乌龙茶,若是广东潮汕人,宜选用"功夫茶四宝"(潮汕炉、玉书碨、孟臣罐、若琛瓯)进行搭配组合;若是台湾地区的朋友,则可选用紫砂壶与公道杯、闻香杯、品茗杯等进行搭配组合;若是青年情侣,则可选用同心杯进行组合;若是炒股的茶友,则可选一把紫砂牛壶为他泡茶,寓意为牛市冲天。

3. 因艺制宜

不同的茶艺主题对茶具的组合有不同的要求。例如宫廷茶艺要求茶具华贵；文士茶艺要求茶具雅致脱俗；民俗茶艺要求茶具质朴实用；宗教茶艺要求茶具端庄古雅；企业营销型茶艺，则要求所使用的茶具要便于最直观地展示茶叶，并且便于介绍茶叶的商品特性。总之，茶具的组合是为茶艺表演服务的，它必须充分考虑茶艺所要表现的时代背景、人物身份和思想内容。

4. 因境制宜

选择茶具还应当充分注意泡茶的场所和环境，注意环境的装修风格与基本色调，力求做到茶具美与环境美相互照应，相映成趣，构成多样统一的和谐美。

（二）布席

布席指在选定了茶具之后，结合插花、焚香、挂画或点缀以奇石古玩，把茶席布置的和茶空间相协调，力求做到主题鲜明，美观实用并具有文化内涵。在布席过程中要注意美学法则的灵活应用。特别要注意简素美、自然美、节奏美、不均齐美，同时要注意调和对比和多样统一法则的应用。简素美表现为在茶席布置时不摆设多余的物件，不张挂有碍于突出主题的字画。如果要插花，也力求素雅简洁、清丽自然、充满生机活力。在不均齐美法则的应用方面，初学茶艺的人最常见的不足是喜欢选用质地相同，花色一致的成套茶具，不懂得去大胆地选配材质、花色、造型"和而不同，违而不犯"的茶具。在布席时，还要特别注意两点。

其一，茶具与茶具之间，茶具与其他物品之间的摆放位置必须方便泡茶操作。

其二，茶具与环境之间要调和照应。只有做到这两点，茶席的布置才能既如春云初展，春花乍放，在尚未开始泡茶时就抢眼夺目，给人以美的震撼。评议茶席布置还必须试一试看实际泡茶时操作起来是否得心应手，舒展大方。

五、境之美

"境"作为中国古典美学范畴，历来受到文学家和艺术家的高度重视。人们普遍认为，"喝酒喝气氛，喝热闹；品茶品文化，品意境"。品茶是诗意的生活方式，所以极重意境。王国维在《人间词话》中提出境界说，他认为境界包括自然景物与人的思想感情以及两者的高度融合。茶艺对意境有独特的要求，要求做到"环境美、艺境美、人境美、心境美"。四境俱美，才能达到中国茶艺至美天乐的境界。

（一）环境美

茶艺中所谓的环境，即品茗场所，也称为品茗空间。它包括了外部环境和内部环境两个部分。在外部环境方面古人对植物的选择极其严格，因为不同的植物，各有其不同的植物学特性。按照中国茶艺美学"君子比德"的审美理论，这些植物是构成茶境文化追求的要素，是对茶境内涵意蕴理解的向导。在诸多植物中，古代茶人对竹松推崇备至。在历代茶诗中对竹的描写最多。如茶香绕竹丛（唐代·王维）；竹下忘言对紫茶（唐代·钱起）；尝茶近竹幽（唐代·贾岛）；果肯同尝竹林下，寒泉应有惠山存（宋代·王令）；手挈风炉竹下来（宋代·陆游）；竹间风吹煮茗香（明代·高启）……茶人们在选择茶境时喜竹，不仅仅因为竹子高节人相重，虚心世所知。也不仅因为竹子可以启人心智，洁人情怀，陶冶情操。同时，还因为竹子的形态如鸾凤之羽仪，欣然而形，苍然而色，玉立风尘之表，长在山中水边，具有天然的野趣，洋溢着"山中情"。卢仝君家山头松树风，适来入我竹林里。一片新茶破鼻香，请君速来助我喜。倪云林遂来修竹下，共憩西涧阴。汲泉以煮茗，退哉遗世心。他们喜爱的就是竹的野趣，想表达的就是潜藏心底的"山中情"。另外，竹有清香野韵，与茶香茶韵相得益彰，所以历代茶人都把翠竹作为美化品茗环境的首选植物。

除了竹之外，古代茶人也偏爱在松下品茗。如煮茶傍寒松（唐代·王维）；骤雨松声入鼎来（唐代·刘禹锡）；松花飘鼎泛，兰气入瓯轻（唐代·李德裕）；涧花入井水味香，山月当人松影直（唐代·温庭筠）；清话几时搔首后，愿和松色劝三巡（宋代·林逋）；两株松下煮春茶（元代·倪云林）；细吟满啜长松下（明代·沈周），等等。茶人爱松，因为松树古貌苍颜、铜枝铁干、下临危谷、上干云霄、傲雪凌霜，恰合茶性亦合茶人的心性。

除了对植物选择的偏好之外,中国茶艺所追求的外部环境之美,大体上可分为四种类型:其一为鸟声低唱禅林雨,茶烟轻扬落花风,曲径通幽处,禅房花木深,幽寂的寺观丛林之美;其二为云缥缈,石峥嵘,晚风清,断霞明,幽玄的山野自然之美;其三为远眺城池山色里,俯聆弦管水声中。幽篁映沼新抽翠,芳槿低檐欲吐红,幽雅的都市园林之美;其四为蝴蝶双双入菜花,日长无客到田家,黄土筑墙茅盖屋,门前一树紫荆花,朴素幽清的田园之美。只要你有爱美之心和审美的素养,大自然的树荫里、芳丛中、小溪旁、碧岩下、一树红叶、几丛菊花,处处都是品茗佳境。

品茶的内部环境要求窗明几净,装修简素,格调高雅,气氛温馨,使人能放松身心并有亲切感和舒适感。茶室内部的环境美还讲究"美"源于"用",强调"美"与"用"相结合,

《茶器无言胜有声

崇尚简洁、温馨、舒适、高雅、实用的艺术风格。

（二）艺境美

"茶通六艺"，在品茶时则讲究"六艺助茶"。这里的六艺不是指《诗》《书》《礼》《乐》《易》《春秋》等儒家六经典，也不是指古代士子必修的礼、乐、射、御、书、数，而是泛指与茶联系密切的琴、棋、书、画、诗、曲和金石古玩的收藏与鉴赏等。六艺助茶，特别重于音乐和字画。

在我国古代士大夫琴、棋、书、画修身四课中，琴摆在第一位。"琴"代表着音乐。儒家认为修习音乐可培养人的情操，提高自身的素养，使自己的生命过程更加快乐美好，所以音乐是每一个文化人的必修课。我国历史上的精英人物几乎无不精通音律、深谙琴艺。例如孔子、庄子、宋玉、司马相如、诸葛亮、王维、白居易、苏东坡等著名的政治家、思想家、文学家都是弹琴高手。荀子在《乐记》中说：乐者，德之华也。古文中的"华"就是花，意思是说音乐是道德开出的鲜花。把音乐上升到"德之华"的高度去认识，足见音乐在古代君子修身养性过程中的重要性。

我们在茶艺过程中重视用音乐来营造艺境，这是因为音乐，特别是我国古典名曲重情味、重自娱、重生命的享受，有助于为我们的心接活生命之源，能促进人自然精神的再发现，以及有利于人文精神的再创造。在品鉴"勐海味"时最宜选播以下三类音乐。

其一是我国古典名曲。我国古典名曲幽婉深邃，韵味悠长，有令人回肠荡气，销魂摄魄之美。但不同乐曲所反映的意境各不相同，故应当根据季节、天气、时辰、客人身份以及茶事主题，有针对性地选择播放。例如，反映月下美景的有《春江花月夜》《月儿高》《霓裳曲》《彩云追月》《平湖秋月》等；反映山水之音的有《流水》《汇流》《萧湘水云》《幽谷清风》等；反映思念之情的有《塞上曲》《阳关三叠》《怀乡行》《远方的思念》等。只有熟悉古典音乐的意境，才能让背景音乐成为牵引茶人回归自然，追寻自我的温柔的手，让音乐引导茶人的心与茶对话。

其二是勐海县各个民族的民乐，如傣族的笛子、二弦胡琴，哈尼族的三弦、口弦、竹箫，布朗族的索调、笙调，拉祜族的葫芦笙、小三弦等。勐海各民族的民歌、山歌也都适合作为品饮勐海茶时的背景音乐。选择声乐时宜选择曲调委婉抒情，旋律婉转优美或深沉的音乐。选择器乐时音量一定要控制好，最好是若有若无，如仙乐飘飘。听这些音乐可使人的心徜徉于勐海的青山绿水和美丽的村寨之间。

其三是精心录制的大自然之声，如山泉飞瀑、小溪流水、雨打芭蕉、风吹竹林、秋虫鸣唱、百鸟啁啾、松涛海浪等都是极美的音乐，我们称之为"天籁"，也称之为"大自然的箫声"。

上述三类音乐会把自然美渗透进茶人的灵魂，会引发茶人心中潜藏的美的共鸣，为品鉴勐海味创造一个如沐春风的美好心境。另外，用勐海茶演绎异国风情茶艺、时尚创新茶艺，如浪漫音乐红茶、十二星座茶艺等主要是为都市青年设计的，配合这些茶艺，播放流行歌曲、通俗歌曲或交响乐也不失为对茶艺与时俱进的一种探索。

营造高雅的艺境，我们还常借助名家字画、金石古玩、花木盆景等，在这些装饰中挂画和楹联最能起到画龙点睛的作用，尤应精心挑选。

（三）人境美

所谓人境，即指品茗人数以及品茗者的素质所构成的人文环境。明代的张源在《茶录》中写道：饮茶以客少为贵，客众则喧，喧则雅趣会泛泛矣。独啜曰幽，二客曰胜，三四曰趣，五六曰泛，七八曰施。近代不少茶人把张源的这个观点奉为金科玉律，其实这个观点是片面的。在现代茶事活动中不可能限制客人的数量，只能循循善诱，引导客人去感受不同的人境美，客人一定会体会到人多或人少各有妙趣。因为人数不同，可以有不同的品茗意境：一曰独品得神，二曰对啜得趣，三曰众饮得慧。

1. 独品得神

一个人品茶没有干扰，心更容易虚静，精神更容易集中，情感更容易随着氤氲四溢的茶香而升华，心境更容易达到物我两忘的境界。独自品茶，实际上是茶人的心与茶对话，与大自然对话，独品容易做到心驰宏宇，神游古今，最能原天地之美

而达万物之理。独品最易尽得中国茶道之神髓,所以称之为"独品得神"。

2. 对啜得趣

品茶不仅是人与自然的沟通,也不仅是人与茶的对话,还是茶人之间心与心的相互沟通。邀一知心好友,无论是红颜知己、贴心闺蜜,还是情投意合的肝胆兄弟。相对品茗,或推心置腹倾述衷肠,或无须多言心有灵犀一点通,或松下品茶论弈,或幽窗啜茗谈诗,都是人生乐事,所以称之为"对啜得趣"。

3. 众饮得慧

孔子曰:*三人行,必有我师焉*。众人品茗,人多,议论多,话题多,信息量大。在茶空间清静幽雅的环境中,大家最容易打开"话匣子",相互交流思想,启迪心智,学习到很多书本中学不到的东西,所以称之为"众饮得慧"。

在茶事活动中只要善于引导,无论人多人少,都可以营造出一个良好的人境来。当然人境美最主要的还是主人或茶艺馆工作人员首先要做到仪表美、神态美、语言美和心灵美。如果没有这些基础条件,无论如何都无法营造出使人感到亲切温馨,流连忘返的美好人境。

(四)心境美

品茗是心的歇息、心的放牧、心的澡雪。所以,品茗场所应当如风平浪静的港湾，让被生活风暴折磨得疲惫不堪的心，如归航的船舶，在这里能得到充分的歇息；品茗场所应当如芳草如茵的牧场，让平时被"我执""法执"囚禁的心，在这里能自由自在地漫步；品茗的场所应当如一泓温暖宜人的温泉，让被外界世俗红尘熏染了的心，在这里能痛痛快快地清洗干净。

从某种意义上说，人们品茗为的就是品出一份好心情。所谓好的心情主要是指闲适、虚静、空灵、舒畅。但是，人在现实社会中生活，不能不食人间烟火。工作上必然有激烈的竞争，学习上时时要知识更新，仕途上难免有沉浮穷达，感情上难免有悲欢离合，生活上或许还要为柴米油盐犯愁。人生在世，不如意的事十有八九，宠辱、毁誉、是非、得失，甚至柴米油盐都可能时常困扰着我们的心，要做到心境美，说起来容易，做起来很难。元代诗人叶颙的诗《石鼎茶声》写道：

青山茅屋白云中，汲水煎茶火正红。
十载不闻尘世事，饱听石鼎煮松风。

"十载不闻尘世事"这种超然出世的闲适，我们现代人实在难做到。

清代乾隆皇帝在《春风啜茗台》中写道：

山巅屋亦可称台，小坐偷闲试茗杯。
拂面春风和且畅，言思管仲济时才。

在拂面春风中品茗，嘴里讲"偷闲"，心里却还在想着网罗像管仲一样济世安邦之良才，看来这种心境并非真闲。

倒是唐代杜荀鹤的诗最妙，他写道：

剖得心来忙处闲，闲中方寸阔于天。
浮生自是无空性，长寿何曾有百年。
罢定磬敲松罅月，解眠茶煮石根泉。
我虽未似师披衲，此理同师悟了然。

诗的大意是指人生在世难免为名忙，为利忙。我们要善于忙中偷闲，静下心来品茶。当我们的心一旦闲适了，那方寸大小的心便会变得比天空还辽阔。世俗虚华，浮生若梦，有几人能参透"四大皆空"的佛性？道家刻苦修炼，又有几人能长命百岁，羽化成仙？深夜我禅定之后，感受到在悠远的钟磬声中，月光从松树的缝隙中把清辉洒向我的心灵。我用石根泉水煮茶，茶汤涤尽我心中的困惑与昏寐。我虽然不像高僧那样身披袈裟，但是我对大道的契悟却和高僧一样透彻。杜荀鹤的心境是"放下一切"的心境，是世俗之人禅悟后的心境，这才真正是闲适、虚静、平和的美妙心境。有了这样的心境，在品茶时才能做到在枯寂之苦中见生机之甘。才能在不完全的现实世界中享受一点和谐，在刹那间体会永久。让我们用茶人"日日是好日"的态度来对待生活，永远保持良好的心境，并用良好的心境去感染别人。

六、艺之美

茶艺的艺之美主要包括茶艺程序编排的内涵美和茶艺表演的动作美、神韵美、服装道具美等方面。茶艺之美在于实用，重在强调过程美和结果美相统一。

（一）程序编排的内涵美

俗话讲：外行看热闹，内行看门道。目前我国茶文化刚刚复兴不久，对茶艺美的赏析尚处于初级阶段。不少茶艺爱好者在观赏茶艺时往往还处在"看热闹"境界，只注意服装美、道具美、音乐美及动作"美"，而忽视了最本质的东西——茶艺程序编排的内涵美。一套茶艺的程序美不美要看四个方面。

一看是否"顺茶性"。通俗地说就是按照这套程序来操作，是否能把这款茶叶的内质美展示得淋漓尽致，泡出色香味韵俱佳的好茶来。我国茶叶品类繁多，各类茶的茶性不同，例如粗细程度、老嫩程度、发酵程度、火功水平、条索形状、存放时间的长短等各不相同，所以泡不同的茶时所选用的器皿、水温、投茶方式、冲泡时间等也应各不相同。茶艺是生活艺术，它重在实用，重在自娱自乐，而不是重在表演。按照某套茶艺程序去操作，如果泡不出一壶好茶，那么表演得再花哨也称不得好茶艺。

二看是否"合茶道"。通俗地说就是看这套茶艺是否符合茶道所倡导的"和、静、怡、真"四谛，以及"精行俭德"的人文追求。茶艺表演既要以道驭艺又要以艺示道。以道驭艺,就是茶艺的程序编排必须遵循茶道的基本精神,以茶道的基本理念为指导。以艺示道,就是通过茶艺表演来弘扬茶道的精神。有些茶艺的程序很传统、很形象、很流行,例如某地区工夫茶茶艺中的"关公巡城""韩信点兵",但是因为这些程序刀光剑影,杀气腾腾,有违茶道以"和"为贵的基本精神,所以称不得是好的茶艺程序。1998年我在武夷山御茶园创编大红袍茶艺时,泡茶的动作不变,我把"关公巡城"改成了"祥龙行雨",把"韩信点兵"改成了"凤凰点头"。龙和凤都是中华民族的吉祥物,"祥龙行雨",龙翔九天,甘霖普降;"凤凰点头",真诚地向嘉宾点头行礼致敬。这两道原本刀光剑影杀气腾腾的程序,就变成了祥和温馨,符合茶道精神的程序。

三看是否科学卫生。目前我国流传较广的茶艺多是在传统的民俗茶艺的基础上整理出来的。有个别程序按照现代的眼光来看并不科学、卫生。例如有些地区的茶艺要求泡出的茶要烫嘴,认为喝"烧茶"(很烫的茶)才过瘾。但从现代医学统计结果来看,过烫的食物反复刺激口腔、食道黏膜,易导致口腔和食道病变,诱发口腔癌、食道癌。有些茶艺的洗杯程序是杯套杯滚动着洗,美其名曰"狮子滚绣球",这样洗杯虽然动作好看,但是会把黏附在杯子外壁的不洁物质溶于水中,附着到杯的内壁,导致越洗越脏。弘扬茶文化,传承历史是前提,创新发展是责任。对于传统民俗茶艺中不够科学,不够卫生的程序和有违中国茶道精神的程序,在整理时应当摒弃或改进。

四看文化品位。这主要是指各个程序的名称和解说词应当具有较高的文学水平,解说词的内容应当生动准确,有知识性、思想性、趣味性,读起来应当像散文诗一样朗朗上口,富有韵律,并且能够艺术地介绍出所冲泡茶叶的商品保障因素和商品的魅力因素。

(二)茶艺表演的动作美和神韵美

每一门表演艺术都有其自身的特点,例如电影、话剧、越剧、歌剧和京戏表演,对其动作美和神韵美就有不同的要求。我们始终强调茶艺首先是一门生活艺术而不是舞台表演艺术,其目的就是要让茶艺爱好者们对"茶艺是一门生活艺术"这个特点有刻骨铭心的认识,这样在表演时才能准确把握个性,掌握尺度,表现出茶艺独特的美学风格。

与其他的表演艺术相比,茶艺的艺术特点是更贴近生活,更直接服务于生活,它的动作不强调难度,而是强调生活实用性,以及在此基础上表现潇洒自如,静心内敛,自然自信之美。这就有点像韵律操和竞技体操的差别,茶艺像韵律操而不像竞技体操。在表演风格上茶艺注重自娱自乐和内省内修,虽然也可以用于表演,但它根本的作用还是作为个人修身养性的手段。明确了茶艺的艺术特点和表演风格,就明白了茶艺的美学特点:从神韵上看应当是"庖丁解牛"之美,而非"公孙大娘舞剑"之美;从表现形式上看是中和之美,自然之美,芙蓉出水之美,而非夸张之美,惊险之美,镂金错彩之美。

"韵"是我国古典美学的重要范畴,可以理解为传神、动心、有余意。在古典美学中常讲"气韵生动",在茶艺表演中达到气韵生动要经过三个阶段的训练。第一阶段要求达到熟练,这是基础,因为只有熟才能生巧。第二阶段要求动作规范、细腻、优美。第三阶段要求传神达韵。在传神达韵的练习中要特别注意"静"和"圆"。关于以静求韵,明代著名琴师杨表正在其《弹琴杂说》中讲得很生动。他说:凡鼓琴,必择净室高堂,或升层楼之上,或于林石之间,或登山巅,或游水湄,或观宇中;值二气高明之时,清风明月之夜,焚香静室,坐定,心不外驰,气血和平,方能心与神合,灵与道合。也就是说要弹好琴,首先必须身心俱静,气血平和。茶通六艺,琴茶一理。在茶艺表演中要做到气韵生动,也必须身心俱静。只有身心俱静,才能凝神专注于艺茶,才能深入精微地去体察自己的内心感受,才能达到体态庄重,动作舒展自如,轻重缓急自然有序,使平凡的泡茶过程出意境,见韵味。

"圆"就是指整套动作要一气贯穿,成为一个有生命的机体,让人看了觉得有一股元气在其中流转,绵绵不绝,使人感受到生命力的充实与弥漫。

勐海县是"中国普洱茶第一县"。勐海县的远大目标是打造成"万邦来朝的茶文化圣地"。为此勐海县的茶艺需要有一个新飞跃,以便让世界各地的来宾能在勐海看到多姿多彩、雅俗共赏、内涵厚重、启人心智的茶艺。用茶艺宣传勐海茶,用茶艺彰显勐海味,用茶艺助力勐海茶产业和旅游康养业的比翼双飞。

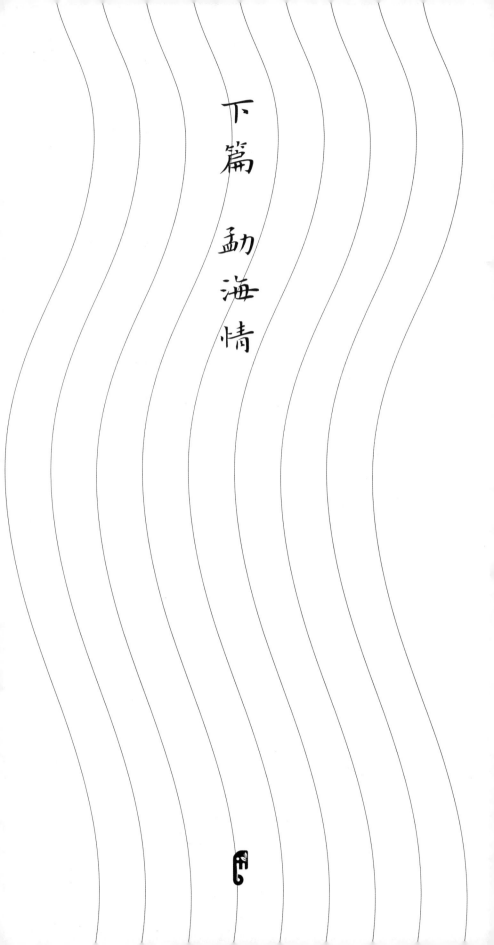

下篇 勐海情

勐海陈升茶业有限公司（陈升茶厂）

　　吾自少年涉足于茶，至今已 40 余载，虽历经曲折无数，却依然兴致万千。今聚毕生之力及制茶心得于茶之源头，置地筑厂，欲与天下茶人乐在其中，以圆人生之茶缘。与君开怀尽兴之余，若能为千秋普洱茶于盛世之际发扬光大尽绵薄之力，足矣！

——茶人陈升河

2009 年 7 月

第一节　陈升茶厂

——陈升号，大树茶的味道

一、寄情于茶

陈升河，广东汕头人，祖籍潮州。潮州是一个人人嗜茶，精于喝茶，茶风盛行之地。1970年，陈升河被一位老师引导入茶行，他从潮州饶平县购进茶叶，运到150公里外的汕头去卖。在开始的一段时间里由于既无客户，又无经验，常常赔本。俗话说得好，艰难困苦，玉成于汝。失败使陈升河明白了一个道理：做茶叶生意不仅要勤奋且能吃苦耐劳，而且还要懂经营、有人脉、有资金、有技术，更要了解茶才能卖好茶，于是他虚心向行内高人请教。由于他待人真诚，勤奋好学，不少茶界前辈都把秘而不传的卖茶经验传授给这位谦逊务实的年轻人，帮助他在茶行业的最底层摸爬滚打十五年，淘到了一桶又一桶金。

陈升河胸怀大志，在潮汕事业小有成就之后进军深圳。1985年，在深圳这座改革开放的年轻城市中，他抓住商机与福建省民政厅安溪农场联合创办了深安茗茶公司，自己任董事长兼技术总监，全面经营武夷岩茶、凤凰单丛、铁观音、普洱茶和全国各地的多种名茶。在陈升河打理下，深安茗茶公司迅速发展壮大，不久就成了深圳最具规模，最有实力的茶业企业。深圳的乌龙茶市场，陈升河的市场占有率曾达到80%。深安茗茶公司开发的"香蜜湖"牌名茶，成为深圳最具代表性的茶叶品牌，曾荣获国家茶叶金奖。

陈升河在深圳如鱼得水，生意越做越好，名声越来越大，但是在成长的路上他从不满足。在深圳站稳脚跟，开拓出一片新天地的过程中，他真切体会到"知识就是力量"，于是更加努力学习，先后多次到武夷山找姚月明，到潮州找詹林树等著名的茶专家交流。陈升河对茶叶的悟性极高，善于学以致用，他对照所学的知识，把自己经营的各种茶类进行对比研究，经过20多年的深思熟虑、反复实践，陈升河成为了同行敬佩的茶叶审评专家、拼配专家、烘焙专家和经营行家。

二、五十而知天命

孔子曰：吾十有五而志于学，三十而立，四十而不惑，五十而知天命。经过在汕头十五年砥砺前行和在深圳二十年奋斗拼搏，到2006年，56岁的陈升河早已是知天命之人，这时他在深圳已经有一家房地产公司，一家经营了20余年属于自己品牌的茶叶公司，还有一家三星级酒店，本可以安享清福了。但是他在"知天命之年"，还立志勇攀茶产业的更高峰。2006年7月在云南朋友的陪同下，陈升河开始云南问茶之旅，他们

下篇 勐海情

陈升号厂区

用了两个多月时间，走遍云南的临沧、保山、普洱、西双版纳等主要产茶区，行程万余公里，考察了数十座茶山，拜访了上百个村寨，最后一站来到了西双版纳傣族自治州的勐海县。陈升河先生被勐海县举世无双的生态环境，漫山遍野的古茶树，多姿多彩的民俗风情，热情朴实的当地干部群众所打动。他感慨道：我真有种相见恨晚的感觉。觉得他们一直在这里等我，我却到五十多岁姗姗来迟。于是为了追求自己的理想，他下决心离开家乡，离开生活条件优渥的深圳，离开自己用心血和智慧打造的日进斗金的商业平台，不远万里到云南边疆小县城重新创业。在热带雨林中，面对蓝天、白云、古茶树和崇山峻岭，陈升河做出了一个智者的决策：留下来办茶厂，留在勐海，留在茶树原产地的中心，打造中国茶的百年品牌。

这个决策表明在陈升河的眼里，"知天命"之后不是听天由命，而是在"知天命"后，更要去做天、地、人三才合一的大事，创造晚年的人生辉煌。为此我特地填了一首《江城子·事茶》送给陈升河先生：

　　天命之年发龙吟，为事茶，勐海行。芳草铺路，百鸟喜相迎，相聚同品老班章，结茶缘，述茶情。

　　人生五十属芳龄，精力盛，心空灵。壮志不改，风雨任兼程。活到茶寿仍事茶，驭茶香，上青云！

三、再创人生辉煌

（一）高明的企业文化

　　要创造人生的辉煌，就必须有正确的人生观。要创造自己企业的奇迹，就要把自己正确的人生观落实到企业，打造优秀的企业文化，使之成为企业的导向和凝聚力。企业家要善于把企业文化内化为全体员工的"三观"，外化为全体员工在工作和生活中的言行。陈升河就是这方面的高手，在他的指导下，全茶厂的员工都能熟背并践行陈升号企业文化的经典名言。

　　1.陈升号，让您知道大树茶的味道：从建厂开始，陈升河就把主打产品瞄准在最能吸引茶客，最富有竞争力的大树茶。中国的经商智慧可概括为经典的四句话：人无我有，人有我优，人优我廉，人廉我转。"人无我有"是指控制了稀缺商品资源，执行业之牛耳，可以在激烈的商业竞争中呼风唤雨，独

陈升号让您知道大树茶的味道

领风骚。"人有我优"是指有科技实力、文化实力和经济实力，能做到以质量取胜。陈升河在云南发展茶业从一开始就把主打商品定位在"大树茶"，这是他的过人之处，因为他看准了即使在勐海，"大树茶"也是稀缺的瑰宝，大树茶在其他茶区一般只是一个美丽的传说。陈升河一出手就把"人无我有，人有我优"这两个经商法宝牢牢抓在了手中。掌握了优质大树茶资源，一步主动，步步领先，胜局则已牢牢在握。

2. 为天下人做喝得起的好茶，为爱茶人士做值得称道的名茶：这是现代市场学市场细分化和目标市场选择理论的具体运用。陈升河选择了两个目标市场。基本市场是"大众"，他要为天下人做"喝得起的好茶"。另一个目标市场是"爱茶人士"。爱茶人士基本都是懂茶的行家，这是高端市场。他要为"爱茶人士"生产"值得称道的名茶"。这两个目标市场的定位不仅精准，而且富有人情味，很有亲和力。

3. 在古老的青山绿水之间做一件能让世世代代的普洱茶人可以传承的事，最要紧的是用心，甚至用古人的情怀来做一件现代化的事情：陈升号的人，人人都要用"爱心"磨炼"匠心"，这是陈升号成功的思想基础。在当代，有相当一部分人信仰缺失，道德沦丧，假话连篇，假货横行。针对这种现状，陈升河振聋发聩地强调最要紧的是用心，要用古人的情怀来做现代化的事情。这就抓住了提升产品质量最根本的问题。茶人就是必须从"爱茶爱人之心"入手，千锤百炼之后才可能具有"匠心"。古代的茶人没有受市场化过程中的负面影响，所以能一心事茶。陈升河要求员工们必须用古人的情怀做现代化的事情，这可谓是陈升号的"匠心宣言"。

陈升河关于企业文化的经典名言还很多，他在经营管理中精彩的决策也层出不穷。

（二）精明的决策高手

我习惯称陈升河先生为专家型企业家。说他是专家，陈升河当之无愧。他曾多次为六如茶文化研究院高级研讨班的学员讲课，得到学员的广泛好评。也曾与我一起去南京大学给大学生讲课，每次他都能根据听众的水平和实际需要，精准组织讲课的内容，厚积薄发，言之有物，逻辑严密，表述清晰，很接地气。说他是企业家，更是名副其实。在建立勐海陈升茶业有限公司的过程中，陈升河做了几项战略决策，都充分体现了一个优秀企业家的远见卓识、宏大气魄和驾驭市场的能力。

其一，2007年陈升河决定在勐海投资创业。那一年的云南普洱茶市场风高浪急，乌云密布。由于受错误信息的误导，茶农和茶区的居民以及各种各样的卖茶散户都盲目囤积普洱茶原料，严重影响了普洱茶的正常流通。2007年春季，易武山古茶树的毛茶被炒到每千克500～600元；老班章的毛茶每千克被炒到1250～1500元。当时勐海县有不少人像中了邪一样，不仅拿出压箱底的全部存款购茶，而且不惜举债炒茶。朋友们一见面都是关切地问："买到茶了没有？"好像谁能买到普洱茶谁就能发财。后来茶市雪崩，茶价狂跌，当时我正在勐海县和勐腊县调研，易武山的台地茶跌到每千克20多元，麻黑山头的高山古树茶跌到每千克110～120元，勐海曼短村的茶青更是跌到了历史最低水平，每千克仅1.4～1.8元。虽然不断有领导、专家出来为普洱茶产业鼓气，但是当时一路走来仍然坏消息不断，谁也看不清前景。

从当年四月份开始，新华社、中央电视台、《信息时报》

访陈升号

《广州日报》、新华网等媒体纷纷对普洱茶热潮提出质疑，导致普洱茶各大厂商集体大跳水。6月8日《北京晚报》刊登《疯炒之后崩盘——普洱茶将缩水一半》。6月15日，央视《经济半小时》播出专题片《普洱茶泡沫破了》。6月21日，《广州日报》刊登《普洱茶市地震蒸发340亿，上万散户被套牢》，等等。一系列的批评铺天盖地，点击各个网站，看空唱衰成了主调。

  在这样的市场环境下，一些原本已决定投资普洱茶的企业家，有的打算撤资，有的停下来观望。亲友们都好心地苦苦劝说陈升河千万要慎重，但是陈升河胸有成竹，不为所动。他仁者不忧，智者不惑，勇者不惧，力排众议，看准了商机，果断逆风展翅起飞。在勐海县政府的协调和支持下，陈升河与布朗山老班章村委会及全体村民签订了30年的合作协议，后来陈升号又在南糯山半坡老寨、勐宋山那卡、易武古镇投资一千多万元建设原料初制加工基地，并采用"公司+基地+农户"的模式，与茶农签订了长期合作协议，合作的古茶园面积达上万亩，掌控了名优普洱茶产区的核心资源。同时制订了《古茶园管理制度》《晒青毛茶加工技术规范》等企业标准。陈升号设施先进的四大原料初制基地率先实行清洁化、标准化生产，从源头保证了茶叶的质量。有了这四大优质普洱茶原料基地为依托，就像部队打仗占领了战术高地一样，进可攻，退可守，取得了战略主动权。

  其三，品牌是企业最宝贵的无形资产，是企业的核心竞争力。有了优质的大树茶原料基地，有了现代化的厂房和先进的生产线，陈升河又带领全体员工全力打造自己的品牌。不久"陈升号""复元昌号"双双被评为云南省著名商标。"陈升号"被认定为中国驰名商标。"复元昌号"普洱茶被评为云南省名牌产品。从而奠定了陈升号大树茶的领导品牌地位。勐海陈升茶业有限公司被评为"中国茶叶行业综合实力百强企业""最具市场竞争力的普洱茶企业"，2019年在全国百强茶叶企业中名列第32位。

其四，茶企茶农一家亲。"茶企茶农一家亲"是陈升号企业文化的重要内容。陈升号企业文化的基本理念中明确提出：<u>让茶农、员工和经销商一起富起来</u>。为此，他们扎扎实实地建立了公司＋基地＋农户利益共享，风险共担的合作模式。共同优化生态茶园，共同打造"老班章""复元昌号"茶叶品牌。老班章村民对陈升河的评价是：陈董事长没架子，很能吃苦；从没见过这么有爱心的老板，让人心服口服；陈董事长捐款100万元修建了老班章村连接外界的公路，两次捐款兴建老班章村的寨门，并捐款解决了长久以来困扰村民的饮水难题，我们都很感激他……

为了表达感谢之情，2018年5月10日，陈升茶厂与老班章村签约合作十周年纪念日，村民们自发组织了一场"庆祝陈升号与老班章合作十周年座谈会"。那天上午，村民们都穿上僾尼族的节日盛装，在锣鼓声和鞭炮声中，陈升河携夫人、儿子陈柳滨总经理以及部分陈升号员工来到老班章村。热情好客的僾尼族村民用民族歌舞欢迎他们。最令人感动的是，全村131户人家每家精选出最好的茶汇集在一起，压制成一款"百家千两茶",在千两茶的包装物上,每一家的户主都签名或盖手印,在外包装的白布上绣着:谨以此茶饼献给老班章僾尼人的贵人陈升河先生。

　　这么用心的礼物,这么珍贵的礼物恐怕没有几个人得到过,可是陈升河先生却不止得到过一次。我记得2017年12月18日上午,在南糯山庆祝"陈升号茶业与半坡老寨合作五周年"的大会上,村民们送了一饼重9.9公斤,包装物上绣着敬献给让半坡老寨奔向小康的贵人陈升茶业创始人陈升河先生。茶饼重9.9公斤代表"合作长长久久,友谊天长地久"。

最高的荣誉

做几个"金班章"留念

（三）注重细节的大师

"细节决定成败"是至理名言。其实还有一句话"细节可见人品"也同样是至理名言。我从小就习惯从细节看人。陈升河给我的印象比较深刻的小事有四件。

其一，做人十分低调。

陈升茶厂名扬全国之后，到厂里来参观的各界名人，来视察的各级领导应接不暇，各种合影很多，奖状、锦旗、题词更是多不胜数，但是在陈升河宽大、庄重、整洁的董事长办公室中，始终没有"拉大旗，做虎皮"，只挂了一张他内心敬重的中国工程院院士陈宗懋先生的照片和一张曾经为陈升茶厂出谋献策的专家教授的合影。办公室中挂着唯一的条幅是：学习创造未来，知识改变命运。从条幅内容和照片的选择，陈升河先生的为人和志趣可见一斑。

其二，高度重视科技。

"科技是第一生产力"这句话说的人多，贯彻的人少，而陈升河先生认认真真地做了。他发起成立国内以单一村寨茶区、单一茶叶品种为研究对象的最高级别的学术组织——西双版纳老班章茶研究会。为了推进古树茶资源的研究工作，为了进一步提亮老班章古茶品牌，在陈升河的倡导和带动下，2011年4月9日"西双版纳老班章茶研究会"正式成立，中国工程院院士陈宗懋先生、中国茶叶流通协会会长王庆被邀为研究会总顾问，陈升河被推选为研究会会长。研究会专家组成员由韩国、日本、马来西亚、俄罗斯、中国内地、中国香港、中国台湾等国家和地区的茶界知名专家学者组成。研究会成立之后经常指导茶农学习现代科技，科学管护古茶园。研究会还出资并由专家指导购置、安装太阳能灭虫灯等先进设备，老班章村数百年的古茶园从此实现了病虫害绿色防治。

在重视科技方面，陈升河对内以独特的战略眼光和气魄投资两亿多元建立占地面积150亩的花园式现代化茶厂，购置了当时最先进的设备，以制药车间的卫生标准建立了一条长376米，全程不接地的清洁化、自动化生产线。陈升号对合作的茶农也严格要求执行从采摘到入库，全流程茶叶不接触地面的卫生标准，消除了人们对普洱茶卫生的担忧。陈升号茶业特制了离地面60厘米高的竹架,簸箕放在竹架上晾晒茶叶,通风透气,茶叶不但卫生而且干燥快,确保了品质。为解决雨季茶叶晾晒难题,陈升号茶业自创透明阳光板大棚晾晒,避免了传统用烘烤损害原料品质的做法。

普洱茶加工车间

陈升号请回枯死的茶王树,拟建茶王宫

其三,讲讲我在2019年调研时看到的几件小事。

2019年11月1日,雨过天晴,蓝天张开云锦,大地和风送爽,我抽空带徒弟王世倩到陈升茶厂喝茶。因为我和陈升号的许多员工都很熟,所以事先没有打招呼,结果看到了两件令我感动的小事。第一件事是刚一到茶厂,我们就被带去拜茶王树。这是那株年逾1700岁的巴达大黑山茶王树,2012年11月12日自然死亡之后,陈升河先生即和有关部门联系,取得批准后雇用了许多搬运工人,租用了专业机械,费尽千辛万苦,才把巨大的茶王树连根从几十公里外的深山老林中请到陈升茶厂,并且准备投资几千万修建茶王宫和普洱茶博物馆。足见陈升河爱茶之深,爱茶之真!

第二件事是,有一天陈升河离厂去布朗山考察,留下员工们和我一起无拘无束地喝茶聊天。在闲聊中我了解到,陈升茶厂有近百位员工都是已经跟了陈升河先生十几年的老员工,其中最长的有十来位已经跟随陈升河近三十年。如唐海滨、温铁流、范仕珍、陈少燕、陈升文、陈庆勇、蔡道武等,他们从生活条件优越的潮汕、深圳等地跟着陈升河到比较艰苦的勐海创业。在勐海招收的新员工也普遍能安心工作。员工队伍不稳定是影响我国茶企发展的一大问题。陈升号的员工普遍能一心一意跟着老板创业,可见陈升河的人格魅力和陈升号的凝聚力。

其四,巧夺天工,锦上添花。

茶叶拼配是陈升河巧夺天工的绝技,我非常爱喝他拼配的茶,但是却从来没有看过他如何拼配。2020年4月24日我去陈升茶厂调研时,冒昧提出想开开眼界,实地观摩他拼配茶叶。陈升河欣然应允。

好酒要勾兑,好茶要拼配原本是业界的共识,早在清嘉庆四年(1799)《滇海虞衡志》中就提出了茶叶要拼配,当时称为"改造茶"。茶叶拼配有四大功能:首先是在精准了解茶性的基础上,让不同茶叶扬长避短,优势互补,提升茶叶品质或满足不同消费者的不同喜好。其次,通过拼配稳定茶叶商品质量,实现标准化生产。第三是降低成本,扩大产量,提高性价比。其四是通过拼配创新产品,推出新品牌。正因为拼配如此重要,所以陈升河先生自己带着两个儿子亲自主抓。

那一天到了陈升茶厂之后，陈升河先生把我和助理带到他的私人工作室，这是一个占据了整整一层楼的大型工作室，包括三大间摆满样品柜的茶样间和一间审评室、一间品茶室。这里每个样品柜里整整齐齐地摆满了样品罐，每个罐上清清楚楚

记录着茶叶的品种、产地、年份、等级、品质特点。我估计至少有几千个样品。令我震惊的不是他收集的茶样多，而是在交谈中感觉到他对这么多样品的优缺点都了如指掌，讲起来如数家珍。因此他能精准地取长补短，拼配出深受大众欢迎的名茶。

陈升号的员工告诉我："一年三百六十五天，老板几乎每天一大早就把自己关在工作室评茶，达到了废寝忘食甚至忘我的地步。两个小陈总（陈柳滨、陈植滨）也经常来一起评茶。"员工们都摸准了一个规律："哪一天如果看到陈总特别开心，那准是他又拼出了一款好茶。"以我对陈升河先生的了解来看，他不仅是把茶业当成事业做，而且是当作爱好做，当作责任做，所以练就了一身他人难以超越的过硬本领。

那天陈升河先生的两位公子陈柳滨、陈植滨也都参加了评茶。更难得的是勐海县县委书记洪国正先生也闻讯赶来，用了

四个多小时和我们一起评茶，同时了解企业的情况，研究如何帮助陈升号取得新突破。在交谈中洪书记对勐海县茶产业的发展战略胸有成竹，经常一语道出问题的关键，而且能给出解决问题的具体方法。我过去早就听说勐海县委书记的工作非常深入细致，常常一个人微服私访，那天有缘眼见为实，着实佩服。

四、一切用实际业绩说话

　　茶界有一句话是茶好不好，拿色香味韵说话；人行不行，拿具体业绩说话。一个人对茶产业和茶文化的贡献是要用实际业绩证明的，否则说得再好再多也无用。陈升河到勐海创业刚满11年，但是已取得了许多令人高山仰止的荣誉。仅仅陈升河先生的个人荣誉就令人敬佩。

　　2012年10月，获得昆明民族茶文化促进会授予的"弘扬茶文化促进茶产业发展贡献奖"。

　　2014年4月，获得中共勐海县委、勐海县人民政府授予的"勐海县劳动模范"。

　　2014年12月，获得中国西部茶产业联席会组委会授予的"中国西部茶产业发展特别贡献奖"。

　　2015年4月，获得云南省人民政府颁发的"云南省优秀民营企业家"荣誉称号。

　　2016年度被评为滇茶国际十大功勋人物。长子陈柳滨总经理荣获"2016年中国茶叶行业贡献奖"。

2017年11月11日，获国际科学与和平周"和平使者"荣誉称号。同年还荣获"全国先进爱国企业家"的称号，并入选年度中国茶界"十大领袖茶人""国际十大杰出贡献茶人""中华匠心茶人"排行榜等。

2021年1月22日，获得中国茶叶流通协会"制茶大师"荣誉称号。

陈升号制茶车间

当陈升河取得非凡业绩和许多荣誉之后，不少朋友都夸他有胆量，敢拼搏。我觉得陈升河的成功是诸多因素综合促成的，仅就他个人而言，最值得我学习的是"五有"：有眼光、有远见、有魄力、有匠心、有大爱。有眼光，才能看上勐海这块得天独厚的茶产业风水宝地；有远见，才能在普洱茶产业处在最低谷时看到它的辉煌前景；有魄力，才能在五十多岁时还破釜沉舟、背井离乡到勐海重新创业；有匠心，才能全身心投入，精益求精，不断创制普洱茶珍品；最根本的是有大爱。爱茶，他就有了最好的"老师"；爱员工，他就有了忠诚可靠的团队；爱生活，他就能与时俱进不断创新；爱勐海，使他能很快融入这片乐土，得到业内人士的认可，得到社会各界的支持。

第二节 勐海茶厂
——现代普洱茶产业的先驱

勐海茶厂

一、勐海茶厂的创办

　　勐海茶厂是云南历史最悠久的现代茶叶企业,目前是大益茶业集团的核心成员企业,是普洱茶行业的翘楚,是中国茶叶工业化生产的先驱,它扎根于世界茶树发源地,"中国普洱茶第一县"勐海县(旧称佛海)。用大益集团董事长吴远之先生的话说:大益或许不是一家巨无霸企业,但绝对是一家有故事、有情怀、有成长前景的企业。

勐海茶厂的创业史就是一部精彩的励志传奇。1938年，在抗日烽火连天的岁月，为实现实业救国的理想，毕业于法国巴黎大学的范和钧先生和毕业于清华大学的张石城先生受当时中国茶叶总公司委派，带领90多位来自祖国各地的茶叶技术人员不畏艰难险阻，吃尽千辛万苦来到佛海（今勐海）筹建茶厂。1940年1月1日"中国茶业贸易有限公司佛海实验茶厂"（勐海茶厂的前身）正式成立，范和均先生任厂长。茶厂投产不久，1942年由于日军攻入缅甸，勐海茶叶出口的渠道受阻，加上日军飞机狂轰滥炸而被迫停产。1950年由中华人民共和国佛海县临时人民政府接管，1952年正式恢复生产，其后企业几度变更隶属关系，几度更换企业名称，1970年更名为"勐海县茶厂"。1982年第二任厂长周培荣先生去世，1983年唐庆阳先生任第三任厂长，同年年底退休。1984年邹炳良先生被任命为第4任厂长，直到1996年退休，他是勐海茶厂任职时间最长的一位厂长。1996~1998年卢云先生任厂长，1998年10月至2002年阮殿蓉女士任厂长，2002~2004年郑跃先生任厂长。2004年勐海茶厂全面改制，由吴远之先生任董事长。

改制后，吴远之先生的团队给勐海茶厂注入了全新的经营管理理念，实施适合现代市场经济的发展规划，企业在原有的基础上顺应时代潮流，追逐时尚，引进"美力经济"理念，发展成为以茶为主，涉及茶叶种植、加工、销售、科技、旅游、康养、文化、教育于一体的大型综合茶业企业集团，"大益"品牌覆盖了普洱茶、红茶、绿茶等多个系列，共计数百个品种。

二、勐海茶厂改制前的业绩

历史是不可忘记的。在改制之前,勐海茶厂经历了风风雨雨,克服了重重困难,已发展成为占地380多亩的普洱茶综合加工厂;拥有巴达基地与布朗山基地两个万亩生态茶叶基地;拥有遍布全县各乡镇的茶叶收购网和初制所;拥有较强的茶叶产品研发能力;拥有深受海内外普洱茶爱好者追捧的"大益"品牌。所生产的普洱茶是业内公认的标杆产品。客观地说,勐海茶厂在云南普洱茶产业发展进程中一直是"领头羊",用勐海茶厂研发的新工艺,生产的"大益"牌熟普洱茶一直被业内推崇为经典普洱茶的代表,在广州芳村茶叶市场最早被各路行家誉为具有"勐海味",成为无数茶人竞相收藏的普洱茶珍品。这些成就都应当归功于为勐海茶厂的发展壮大含辛茹苦,倾注心血,献智献力,努力工作的每一位干部和职工。但是因为我只到勐海茶厂调研过六次,收集的资料有限,难免挂一漏万,在此仅介绍担任厂长时间最久,我比较了解的邹炳良先生。

邹炳良,男,汉族,生于1939年,云南省祥云县人,1957年进入勐海茶厂工作,自此与茶叶结下不解之缘。他在勐海茶厂工作了40来年,特别是1984~1996年任厂长期间,对勐海茶厂的发展做出了巨大的贡献,归纳起来主要有五个方面。

其一,研发并推广了普洱茶泼水渥堆发酵新工艺。

邹炳良进厂后由于工作勤勉踏实,为人真诚忠厚,学习刻苦钻研,被分配到工厂的关键技术岗位从事茶叶审评与检验工作，先后被选派到西南茶检班、昆明商检局学习，回厂后成为技术骨干，不久转干并提拔为股长。1973年为了满足部分地区对陈年普洱茶的特殊需求，云南省选派专业技术人员，组团前往广东考察用"渥堆"方法生产普洱熟茶的新工艺，邹炳良有幸入选。回来后，邹炳良和同行组成科技攻关小组，结合云南实际情况经过反复实验，大胆实践，深入探索，通过把控好茶堆的温湿度，促进益生菌大量繁殖，转化茶叶的内含物质，使茶的滋味变醇，产生特殊的香气。新工艺在生产实践中取得成功，结果把传统普洱茶的陈化时间从几十年缩短到两个月左右，而且使过去人力无法控制的发酵过程，变得可把控，实现了普洱熟茶生产的标准化、规范化、现代化，对于普洱茶产业的发展具有划时代意义。

勐海茶厂的传统，为天下人做好茶

后来，邹炳良根据自己所掌握的理论知识和实践经验，与昆明茶厂原厂长吴启英女士共同撰写了在各地不同气候、不同季节的温湿度条件下生产普洱熟茶的新工艺——《速成后发酵法》和《普洱茶生产操作规程》，许多茶厂都争先恐后来学习"泼水渥堆"发酵法，促进了普洱熟茶生产快速发展，充分满足了港澳台地区对普洱茶的需要，促使普洱茶成为当时外贸出口创汇的重要商品，开创了普洱茶生产的新时代。邹炳良先生因此被尊为"普洱熟茶渥堆技术的创始人""现代普洱茶之父"，被授予"普洱茶终身成就大师"的光荣称号。

其二，建立了可靠的原料基地。

原料基地是茶厂的第一车间，建好原料基地，一步领先，步步主动。所以邹炳良厂长非常重视茶叶基地建设，在他担任厂长期间，富有远见卓识，不失时机建好了两个令其他茶企羡慕不已的优良品种茶叶基地。我去参观过我国主要茶产区的许多茶园，但是到这两个基地实地考察时仍然发出由衷地赞叹。

一是布朗山基地。有着"绿海明珠"之称的布朗山茶场建于勐海最大的用材林场——布朗山林场内，茶园周围数十公里均为用材林、阔叶林林区，属典型的生态茶园。林中有茶，茶在林中，多品种的植物相互依存，共生共荣，生态环境非常优美。万余亩丰产茶园所产的茶青，是"大益"普洱茶品质的可靠保证。布朗山茶叶的特点是回甘快、生津强，汤色橙黄晶亮，香气丰富，有梅子香、花蜜香、兰香，是中外普洱茶喜好者争相收藏的珍品。

二是巴达基地。巴达基地坐落于西双版纳州府景洪西南110公里的巴达山上，平均海拔在1700米，全年气候温和，雨量充沛，茶树生长期终日云雾缭绕，所产之茶具有高山品质，色香味韵均属上乘，是"大益"普洱系列产品原料的主要产地之一。巴达基地茶叶的特点：回甘好、生津快，汤色浅黄、晶莹透亮，香气丰富多变，高雅宜人。

2006年布朗山、巴达两个茶叶基地都通过了国家标准委员会审定，被列为国家级普洱茶标准化示范区。茶叶的品质"原料是基础，工艺是关键"，因为原料优良，工艺精湛，2006年"大益"被我国农业部授予"中国名牌农产品"称号，成为当时云南省唯一获此殊荣的企业。

其三，主持打造了"大益"品牌。

邹炳良1984年被任命为厂长，其时正是改革开放大潮席卷整个中国的大好时期。改革开放一方面激活了人们创新的热情，另一方面鞭策企业要面向市场，开拓市场，占领市场。当时国家对茶叶的经营政策有重大改变，邹炳良作为一个优秀的企业家，他对放开经营之后的茶叶市场动向"春江水暖鸭先知"。在大多数茶业企业还没有品牌意识的情况下，邹炳良就意识到勐海茶厂要做大做强，必须拥有自己的自主品牌。于是他审时度势，高瞻远瞩，与厂领导班子一起研究，共同创意的"大益"牌商标于1989年成功注册，从此勐海茶厂有了独立品牌。由于"大益"品牌产品传承了勐海茶厂"一心只为做好茶"的企业精神，植入了大益人爱茶的基因，所以"大益"牌产品自推出之日就受到消费者以爱回报，很快赢得了"中国名牌农产品""中国知名品牌"等殊荣。

伴随着"茶有大益"这句富有创意，一语双关的品牌口号不断深入人心，以及"大益"为消费者奉献健康，提供品质生活，引领行业发展等方面不断做出贡献。勐海茶厂改制后，"大益"品牌不仅已成为大益集团的天价无形资产，而且成为了一些茶人的理财产品。广州新闻曾经报道说："在广州市大约有20万的市民将大益普洱茶作为理财产品。"[1]

其四，高度重视新产品研发。

在邹炳良的领导下，大益茶厂始终把发展生产力放在首位，通过营建原料基地、建立企业管理制度、调整产品结构、狠抓产品质量等一系列卓有成效的措施，使勐海茶厂在传承、发展、开拓、创新中大步前进。在邹炳良任厂长期间，勐海茶厂的工业产值、利润、上缴利税、职工收入连续11年同步增长，成为勐海县的纳税大户。1989年被评为出口茶叶先进单位。1990年被云南省人民政府评为出口创汇先进单位和省级先进企业。1991年茶厂晋升为云南省一级先进企业。1992年被评为全国制茶行业"十佳"之首，创造了普洱茶产业的辉煌传奇。

勐海茶厂成功的经验之一是邹炳良高度重视新产品的开发，他亲自主持或参与了许多新产品的开发，先后创国优产品一个、部优产品二个、省优产品六个。例如1986年勐海茶厂的普洱茶十级、八级分别获得省优称号，勐海茶厂生产出的优良普洱茶产品7542七子饼、7572七子饼、7532七子饼、8582七子饼、7562七子饼等都受的普洱茶爱好者的追捧和珍藏。

其五，热心于培养专业人才。

勐海茶厂曾被一些同行称为普洱茶界的"黄埔军校"。邹炳良任厂长期间，不仅为厂里培养了许多专业骨干，而且大公

---

[1] 中国普洱茶网讯——《大益市值评估》

无私,为社会培养了大批普洱茶专业人才。现在云南开茶厂的人中,有许多是邹炳良大师的徒弟。邹炳良本人被评为全国优秀企业家,得到了党和国家以及社会各界的高度认可。他先后被选为勐海县第七届、第八届政协委员,西双版纳州第七届、第八届政协委员,云南省第七届人民代表大会代表。1990年当选为第三届云南省优秀企业家、中华茶人联谊会第一届理事会理事;1995年中国当代企业家编委会授予他"中国当代企业家最佳形象"荣誉称号。

曹操有诗云:老骥伏枥,志在千里。烈士暮年,壮心不已。1996年邹炳良先生退休后自觉按国家规定三年内不从事本业。休养三年后,1999年10月他与志同道合的卢国龄女士共同创

邹炳良(左)以勐海茶厂精神事茶终生,获首届普洱茶大赛"双冠王"

办了海湾茶业,从此两位老专家在具有四十多年制茶经验的基础上自主创新,先后注册了"老同志"等商标。生产出许多供不应求的普洱茶珍品。2006年9月他们选送产品参加"云南首届普洱茶国际博览会茶王评比",结果一举荣获两个茶王、一个金奖、一个银奖,成为轰动当时茶界的"双冠王",恰巧我是颁奖现场的见证人。

最后特别要说的是邹炳良和卢国龄合办的海湾茶业公司的总部虽然设在安宁市,产品70%出口外销,但是他们的心永远留在了勐海,一直关心勐海茶产业的发展。为了确保他们的产品保持纯正的"勐海味",他们把发酵工厂建在勐海,我每次去看望他,谈到勐海茶产业的新发展时,他都特别兴奋。看得出来,这位老专家把"勐海情"永远铭刻在了心中。

三、改制后的勐海茶厂

勐海茶厂改制后,吴远之先生的团队给勐海茶厂注入了全新的经营管理理念,实施先进的发展规划,企业在原有的基础上"直挂云帆济沧海",发展成为以茶为主,涉及茶叶种植、加工、销售、科技、旅游、康养、文化、教育于一体的大型综合茶业企业集团。大益董事长吴远之先生说得好:大益或许不是一家巨无霸企业,但绝对是一家有故事、有情怀、有成长前景的企业。下边就讲一讲改制后勐海茶厂的故事,让我们一起看一看新大益人的"勐海情"吧!

（一）拓展了原勐海茶厂的产业链

吴远之先生全面接管了勐海茶厂之后，充分利用"大益"品牌的知名度、美誉度和影响力，打破勐海茶厂原有的框架，大力拓展勐海茶厂的产业链。企业的产业链一般包含价值链、企业链、供需链、空间链四个维度。按照传统模式，茶企业一般只包括茶的种植、加工、营销，最多再加上"茶科教"，但改制后的云南大益茶业集团有限公司是中国首屈一指的现代化大型茶业企业，集团旗下以勐海茶厂为核心企业，另外建立了云南大益智库信息咨询有限公司、勐海大益茶庄园旅游有限公司、云南大益微生物技术有限公司、云南大益茶道院有限公司、云南大益文学院文化发展有限公司、大益茶庭等。使得大益产品线涵盖了普洱茶、红茶、绿茶、保健茶、茶具、茶餐饮、茶娱乐、茶旅游、信息咨询、经济理论研究、茶文化研究和传播等众多类型。构成新产业链的主要企业如下。

1. 云南大益智库信息咨询有限公司

云南大益智库信息咨询有限公司（简称大益智库），创立于2016年9月，是由中国一批知名专家学者发起，联合东盟各国专家学者共同组建的新型独立研究机构，是跨国界、跨行业、跨学科的高端智库平台。

大益智库秉持"区域合作、跨界交流、智慧引领、价值分享"的宗旨，以"客观、专业、开放、包容"的敬业精神，打造有态度、有价值、有影响力的区域性国际化智囊机构。

大益智库专注于社会经济发展研究、产业导向研究和公共政策研究，主要研究方向为宏观经济、区域经济、产业经济、中国——东盟合作等。作为国际化的新型智库。大益智库以高规格、高起点、高目标为智囊服务的践行方向，汇聚了包括东盟国家政要、中国国务院参事、海内外知名院校专家、行业领袖在内的近百名声望卓著的学界、政界、企业界人士担任总顾问、高级顾问、特约专家和特约研究员。公司与中外多家高端智库、学术机构建立了良好的合作关系。

2.勐海大益茶庄园旅游有限公司

勐海大益茶庄园旅游有限公司（简称大益庄园）位于勐海县，占地面积1500亩，海拔1200米，庄园周围林木茂盛，茶园环绕，环境雅致，年平均气温18℃，宜居宜游。茶庄园依托云南省农业科学院茶叶研究所的优势，汲取大益集团在普洱茶加工、经营方面的文化精髓，以"绿色生态、健康生活"为经营理念，突出茶文化主题酒店特色体验项目，是集旅游观光、人文科普和养身休闲为一体的茶生活平台，2011年被评为国家AAAA级旅游风景名胜区。大益庄园是经典的茶文化主题庄园，庄园内茶香缭绕，茶韵悠悠，环境秀美，设施完备，茶文化气息浓郁，客人来了都流连忘返。

3.大益集团微生物研发中心（老茶人称之为大益七号院）

人们一般都认为古老的茶行业与现代高科技不沾边，但是到大益七号院参观后一定能改变这种根深蒂固的成见。

大益集团微生物研发中心位于昆明经济开发区，成立于2013年10月。一直致力于普洱茶生产过程中微生物资源的挖掘、保护、开发与利用，用现代微生物工程开发风味各异，保健功能不同的普洱茶产品。树立在七号院主楼正门的茶多酚分子模型，让人们一到这里就直观感受到这里已经是在从分子层面研究茶了。

研发中心现有专职研发人员40多人，80%的人有硕士及以上学历，这里设立了微生物研究室、天然产物研究室、检测中心、中试工程化验证研究室、科技情报信息室、项目管理部等部门。大益热衷于和微生物领域的顶级专家合作，2018年3月邓子新院士工作站正式揭牌。大益集团成为中国首家拥有博士后工作站和院士专家工作站的茶企业。邓子新院士在揭牌仪式上表示：微生物研究与茶产业的结合有着非常广阔的发展空间，工作站通过开展一些行之有效的研究，可以将普洱茶的功能、功效进行扩大、升华，引领普洱茶产业的科学技术走向，推动普洱茶产业更加快速健康的发展，为广大消费者提供更多更好品质的产品。

普洱茶的发酵技术，之前经历了两代。第一代是自然发酵,即存放的生普洱茶在漫长的时间里随机接受空气中各种微生物的"孢子"(微生物的繁殖细胞),在普洱茶中自然繁殖,以及茶叶在长期存放过程中的后熟作用而造成发酵。第二代是泼水渥堆发酵,即通过对温度和湿度的调控,加速益生菌繁殖,使晒青毛茶快速转化成普洱熟茶。第三代是大益研究中心采用高通量测序、大数据分析技术、微生物提纯培养技术、色谱层析技术、波谱检测分析技术等先进手段,对有40余年发酵史的"大益酵池"微生物进行研究,揭示了普洱茶渥堆过程中的微生物群落的组成及其消长规律,掌握了适宜微生物生长的环境因子,并实现了益生菌的有选择培养,历时5年,终于成功独创"微生物制茶法",被称为第三代发酵技术。

2019年9月29日在勐海茶王节期间,勐海县委洪国正书记在百忙中抽出时间带我和徒弟王世倩去勐海茶厂调研,厂长曾新生请我们品饮了用第三代智能发酵技术生产的普洱熟茶,其香气优雅、菌香宜人、汤色靓丽、过喉柔顺爽滑,其韵味果然不同凡响。"微生物制茶法"是大益对中国茶产业做出的里程碑式贡献,奠定了大益集团在全球茶业发展史中的地位。

4.云南大益茶道院有限公司

中国茶道是中国优秀传统文化的主要组成部分,是中国茶文化的灵魂。勐海茶厂改制不久,云南大益茶道院有限公司(简称大益茶道院)2010年5月在昆明成立,创始人为吴远之先生。茶道院尊茶圣陆羽为宗师,以传承中华传统茶文化为己任,以"惜茶爱人"为宗旨,以"洁静正雅"为美学纲领,以

"守真益和"为修心法则，以"大益八式"为修持仪轨，形成了一套完整、系统的茶道体系，并且建立了教学、考试、评级等多项规范与规则系统。

茶道职业化是大益茶道院弘扬中华茶道的核心途径。以推行职业茶道师资格认证为手段，建立茶道师阶位秩序，为茶人提供终身研习茶道的平台。大益茶道院自成立以来在全国及海外开办各类茶道研修班数百期，累计培养学员逾万人。他们在修习茶道的过程中，打破了固有的常规，完美地结合了国内外多种优秀文化，走出了不寻常的道路。

2016年8月，吴远之创立"茶道认知学"，茶道拥有了认识自我的一套理论，亦可推及成为一种人类认知世界和相应学科框架的学术研究方法。

2016年10月，吴远之撰写的首部福音茶道专著《茶席边的圣经》出版，中华茶道与基督圣道实现了完美融合。

2016年12月，大益首部茶庭剧公演，并取得圆满成功。茶庭剧是由大益茶道院首创的一种新型戏剧形态，其特色是将茶、庭院、戏剧三种元素相结合，共同打造一场茶道艺术的盛宴。

2018年11月，"2018大益职业茶道师大赛"的大师赛环节在新浪微博进行了视频直播，全球300万人通过网络与现场的100多名新晋大三阶茶道师一起，关注着这场被称为"史上最难"的论茶对决。

吴远之先生表示：大益茶道，上承中华数千年茶文化之精髓，下开职业茶道师资格认证之先河，将传统文化和现代运作方式有机结合，承担起培养茶道人才、弘扬茶道文化、传播人文精神的历史使命。

大益茶道院以构建现代"茶道学"学科体系为手段,先后与北京大学、清华大学、中国人民大学、武汉大学分别联合成立茶道心理学研究所、茶道艺术研究所、茶道哲学研究所和茶文化研究中心,通过全国茶道哲学高峰论坛等多项学术活动,联系国内各学科顶尖专家教授,打造最前沿的茶道学研究平台。目前,已正式出版了《茶道九章》《精通普洱》《大益八式》等30余本茶道专业书籍,以及《茶道与文学》《茶道心理学》等多本学术专著,包括英、日、韩、法等不同语言的版本。我拜读过其中一些佳作,如吴远之、耿晓辉著的《茶道与文学》,吴远之、吴然著的《茶悟人生》,吴远之主编的《大益茶道入门》,受益匪浅。其中《茶悟人生》是作者在博览群书的基础上,结合亲身体验,厚积薄发,深入浅出,通过茶之苦、茶之甘、茶之涩、茶之柔、茶之纯、茶之美等生活表象,悟出深刻的人生哲理,达到对"道"的豁然开朗,给人以深刻的启迪。

目前,大益茶道院已在北京、上海、昆明、勐海、东莞、西安设立六大茶修中心,提供包括职业茶道师、青年茶道师、茶管家等系统且专业的茶道研修与培训。

5. 云南大益文学院文化发展有限公司

云南大益文学院文化发展有限公司(简称大益文学院),是"以一种全新的模式,开创一份对全人类有大益的文学事业"的愿景和"努力打造世界一流文学品牌"的宗旨下成立的国内首个高端民营文学机构。2016年5月成立至今，大益文学院秉承原创作品"文学性""深刻性"及"探索性"之先锋精神，成功推出了《慢》《城》《寓》《戏》等系列"大益文学书"系等。同时举办系列高端文学活动，2017年4月，大益文学院正式启动"签约作家"制度，目前已与包括马原、于坚及"2019诺贝尔文学奖"提名作家残雪在内的国内40余位知名作家、评论家签约。

6. 引领茶饮新潮的大益茶庭

大益茶庭勐海会员中心店设在勐海茶厂内。大益茶庭创造性地把中国古老的茶文化与现代消费理念相结合，创造出时尚的诗意饮茶新方式，它非常重视构建品茗空间，营造品茗意境，引领茶叶新消费，开拓茶叶新市场，是大益产业链末端非常重要的组成部分。大益茶庭以"星巴克"为对标，用爱、美、时尚拥抱茶叶消费者。这种饮茶理念初始于2012年，2014年在韩国首尔开设全球首家大益茶庭，结果一炮走红，目前已发展成熟，正在海内外大力推广。

勐海茶厂内的大益茶庭是一座三层楼的法式建筑。一楼是涵盖了文化、休闲、饮食的创意空间，在这里可以品尝到各种创意十足的新式茶饮。除了美得令人惊艳，品了一啜沁心的普洱拿铁、普洱冰淇淋、海盐奶盖茶等新式茶饮之外，有一款"萃取"的大益普洱熟茶甘醇柔滑，更是令人着迷。大益茶庭的研发团队从咖啡制备程序中寻找到灵感，利用半自动的可变压萃取机，配合专门研制的茶手柄，现场萃取出普洱茶的精华,调制成异彩纷呈,美味可口的创新茶饮。

大益茶庭的二楼是产品陈列馆。大益历史上生产的绝大多数珍品,以及大益改制后的创新产品,这里应有尽有,任何一个普洱茶爱好者来到这里都会大开眼界。

茶庭的三楼被称作"奥秘厅",是茶行业首家数字科技体验互动式展厅,VR、全息投影等高科技设备操作简便,妙趣横生,都可用来帮助你揭示普洱茶的奥秘。青少年来到这里会手舞足蹈;老年人到这里会返老还童;如果一家人来到大益茶庭,可以各得其乐,男女老少都会感到乐而忘返。祝愿大益茶庭成为中国式新茶饮的代表。

(二)打造了先进的现代企业文化

大益的企业文化主要包括以下五项内容。

1. 大益的使命

基于"奉献健康,创造和谐"的理念,不断提供高品质茶叶产品及相关服务,提升广大消费者生活品质;通过企业物质及精神财富的创造、传承与回馈,令社会大众从企业发展过程中持续地分享与受益。

2. 大益的愿景

努力成为中国最佳茶品供应商,使"大益"成为推动"茶为国饮",推动中国茶产业与茶文化走向世界的领导品牌。

3. 大益的战略

本着共赢合作创造和分享价值的原则，以品牌为先导，渠道为依托，不断强化领先技术与创新服务，满足消费者日益增长的茶相关消费需求。

4. 大益品牌释义

茶为健康之饮，以其绿色生态及富含多种对人体有益的物质，被誉为21世纪的天然饮品，此为身体之"益"；茶为文明之饮，是修心养性、启迪智慧的媒介。此为精神之"益"；茶为和谐之饮，雅俗共赏，是人与人之间友好、文明交往的桥梁，此为沟通之"益"。

5. 大益的核心价值观：坚持诚信、共促绩效、力求创新、勇担责任

大益集团自成立以来，切实贯彻落实企业文化，以"奉献健康，创造和谐"为使命，遵循"共赢合作""创造和分享价值"的发展原则，以品牌为先导，渠道为依托，为消费者提供高品质的茶产品及茶服务，并致力于引领中国茶产业发展至国际水平，提升与弘扬中华优秀茶文化。同时，集团以推动社会和谐，践行社会公益为己任，积极参与捐资兴教、扶贫济困等慈善事业，2007年底发起成立云南大益爱心基金会，截至2012年已在全国范围内捐资兴建希望中小学41所，累计帮助20000多名孩子告别危旧校舍，走进宽敞明亮的教室学习。基金会利用大益茶业方面的优势，在全国22所大学建成"大益爱心茶

室"并投入营运,茶室成为数十万大学生爱心传递、公益活动实践和茶文化体验的平台。基金会还倡导包括大益员工在内的"益友"每年奉献20小时的公益时间快乐行善,据统计,全国大益"益友"已经为社会奉献了60000多小时的公益时间。

四、企业文化培养栋梁之材

企业的成功至关重要的因素就是人才。大益集团的董事长吴远之是一位善于发现人才,擅长培养人才的"现代伯乐"。勐海茶厂现任厂长曾新生,就是吴先生招聘进厂的首批大学生之一。曾新生出生于江西赣州的一户农家,经过12年寒窗苦读,1998年考进安徽农业大学学习机械制茶,本科毕业后考研,以优异的成绩被华南农业大学录取,攻读茶叶贸易专业硕士研究生。毕业后缘分使然,2006年他进入勐海茶厂工作,从小喜欢传统文化的曾新生,如同进入了知识宝库,在勐海茶厂通过耳濡目染和亲身实践,曾新生更加由衷地爱上了茶,同时沉醉在茶与中华民族传统文化完美融合的茶文化氛围中。

我和曾新生厂长有过多次深度交流,他温和真诚的笑容和淡定从容的谈吐,给我留下了良好的印象,以后每一次交流,随着对他的才华学识有进一步了解,良好的印象都会更增进几分。曾新生是非常睿智而低调的年轻企业家,同时也是新一代茶专家。2006年曾新生入职之时,正是勐海茶厂完成改制后,准备展翅腾飞之日。公司以打造"世界级的中国茶业品牌"为定位，求贤若渴。曾新生入职普洱茶领军企业后满怀雄心壮志，渴望大展身手，双方一拍即合。通过一段时间适应，2007年曾新生开始着手搭建科研平台，建设云南省普洱茶加工工程技术研究中心，并组织申请大益普洱茶制作技艺入选了国家级非物质文化遗产。

2009年作为主要科研带头人，曾新生开始全面负责大益集团产品研发工作。他带领研发团队充分利用自己的专业知识，累计主持拼配、研发茶品100余款，其中比较经典的茶品有：经典六六、金大益、龙印、黄金岁月、玉润普饼、辛亥百年等，都在市场上引起巨大反响，取得较好的经济效益。

2011年，曾新生开始从事市场营销。2011年到2012年负责国内市场工作，令国内市场有了很大的发展和提升。2012年进军海外市场，负责大益韩国公司的组建和韩国市场开发。从零开始至2015年大益专营店在韩国已经发展到38家，每年销售额达到5000多万。同时，他还打开了日本、泰国、马来西亚等国家的市场，使大益普洱茶成为最受国外消费者喜爱的中国茶。

经过多岗多地锻炼，曾新生2015年4月回国后被任命为大益集团勐海茶业有限责任公司总经理，全权负责公司的经营管理。上任后，他大刀阔斧进行改革。

其一，为快速响应市场变化及客户需求，他将公司的13个部门整合为6大部门，极大提高了工作效率。

其二，组织公司的管理人员和大学生集中进行茶叶理论、企业管理、市场营销等知识的系统培训，从中选拔出拔尖人才重建管理团队，使公司团队的工作能力有了质的飞跃。

其三，为实施工业化、智能化战略，先后建成了自动散茶生产线、大益数字化集群烘房、普洱茶筛分联装生产线、定向智能化发酵生产线及茶膏生产线。研发出笋叶清洁机、笋壳自动包装机、发酵堆自动翻堆机等智能设备，有效降低了员工劳动强度，逐步实现了节能降耗、清洁化、智能化生产。

作为勐海茶厂的一把手，曾新生组建了公司智能制造攻关团队，利用物联网4及机械人技术，快速推动了公司工业化及智能制造的进程。公司研发的柔侠、凰后、轩辕号、益原素、千羽孔雀、大师时代等新品，掀起了市场对大益产品的追捧热潮，客户满意度及市场占有率提升很快。2018年，勐海茶厂被评为云南省"绿色食品"十强企业。久负盛名的"大益"牌经典7542普洱茶（生茶），被评为云南省2018年"十大名茶"第一名。

今年以来，虽然受到新冠肺炎疫情等因素的影响，大益集团勐海茶业有限责任公司生产却呈现逆势增长的强劲势头，1~8月已实现产值约14亿元，完税金额约达2.68亿元，接近2019年全年约17亿元的产值和2.9亿元的完税金额。预计至年底，完税金额可突破4亿元。

由于在工作中取得了非凡业绩，曾新生2020年9月29日荣获云南省第五届"兴滇人才奖"。本届获此殊荣的只有20位成绩特别卓著的人，曾新生获奖不仅为大益争了光，而且实现了西双版纳州在这个重要奖项上零的突破。

五、在扶贫和慈善事业方面令人敬佩

吴远之先生说：茶有大益，不仅在于能促进健康之益，还在于通过产业带动边疆民族地区经济社会发展，为茶农谋利益，为群众谋利益。他是这样说的，也是这样做的。从2005年至今，大益爱心基金会在全国援建41所大益希望学校，帮助2万多名孩子告别危旧校舍，走进宽敞明亮的教室学习，在全国24所大学建立"大益爱心奖学金"，奖励和资助近千名优秀的或经济困难的大学生顺利完成了学业。大益爱心基金会是中国茶企业首家独立出资成立的爱心基金会。2010年开始，大益爱心基金会系统实施"爱智美"公益项目：（爱）爱心茶室；（智）茶道课程；（美）茶道艺术团。至今已在全国67所大中院校开设了爱心茶室，在83所高校开设大益茶道课程，在42所大学组建了高校茶道艺术团，在70所大学成立青年益工社，为数十万大学生提供了爱心传递、公益实践和茶文化体验的平台。

在大益集团，茶不仅是一项业务，更是一种对待生活的态度、对社会的责任。从勐海茶厂改制至2017年，共收购毛茶11.8万吨，收购资金37.71亿元，惠及勐海县20多万茶农，累计从勐海县的11693名建档立卡贫困户手中，收购了总价1.3亿元的毛茶，带动10539名贫困茶农靠种茶脱贫致富。在2018年10月17日中国第5个扶贫日，勐海县成为云南省首批退出贫困县的15个县之一。当天，吴远之先生被云南省扶贫开发领导小组表彰为"社会扶贫模范"。

第三节　勐海各民族茶情
——对茶发自内心的爱

一、傣族茶情

傣族，自称傣。勐海的傣族包括召庄、傣勐、滚很召。召庄是傣族贵族的后裔，滚很召是土司的仆从，傣勐意为本地人。1990年人口普查时勐海的傣族人104768人，占全县人口的37.55%，是勐海县人口最多的民族，有本民族的语言文字，主要从事农业，种植水稻为主，经济作物以茶樟间作著称。茶为勐海大叶种，樟系黄樟，都是优良品种。傣族的文化比较发达，其中茶文化很有特色。

傣族人喜爱制作和饮用"竹筒茶"。竹筒茶属于紧压茶类，其加工工序首先是把刚砍下的竹子锯成若干一端带节的竹筒备用，然后把采回的茶青在铁锅内翻炒杀青，待茶叶变软，颜色变深绿时倒在竹席上，用手反复揉捻，再把揉捻好的茶叶装入竹筒中，并不断用一根细木

傣族竹筒茶

棒舂实、压紧，最后再用青竹叶把竹筒口堵上，在火塘边均匀烘烤 15～30 分钟，待竹筒色泽由绿转黄时，表明筒内的茶叶已烘烤适度，即停止烘烤。剖开竹筒，即成一筒一筒的竹筒香茶。取适量竹筒香茶，置于碗中，用初沸的水冲泡，经 3～5 分钟，即可饮用。另外，竹筒茶还有一种加工方法，用晒青毛茶为原料加工，将晒青毛茶分 3～5 次放入一节新鲜的竹筒中，每次放入茶叶后都要塞好竹筒口，再将竹筒放到炭火上烘烤，鲜竹筒受热后竹筒内壁会溢出水气使筒内的毛茶回软，用木棒将竹筒内的茶叶舂实、压紧。这样待茶烤干后，破开竹筒即可获得一根香喷喷的竹筒茶。竹筒香茶外形呈棒状，白毫特多，汤色黄绿明亮，滋味鲜爽回甘，茶香竹香交融，滋味鲜美，回味持久。竹筒茶贮藏两三年原有品质可保持不变，若经长年贮藏，会演变形成普洱茶独特的汤色、香气、滋味等品质特征。

茶水泡饭是傣族的习俗。茶水泡饭傣语叫"毫梭腊"，是部分地区傣族少女对意中人试探感情的一种风俗。每当过节或亲友聚会，寨中的姑娘们习惯在客人中寻找自己喜欢的小伙子，找到意中人后，就亲手泡一碗茶泡饭送给他吃。小伙子如果愿意和这位姑娘谈情说爱，就接受并吃完她的茶水泡饭。如果不吃，姑娘就会知趣地离开。

喃咪茶也是傣族人喝茶的一个特色，傣族人招待客人时喜欢把晒青茶泡在一个大器皿中，然后分斟到客人的杯子里。三泡过后将茶叶捞出，拌上大青果制的喃咪（傣语，意为蘸水）吃。茶叶中淡淡的苦涩味与大青果汁的甘鲜融在一起，吃起来别有风味。

二、哈尼族茶情

哈尼族源于古代的羌人，历史上有不同的称谓，例如僾尼族、雅尼、豪尼、碧约等。1990年全国人口大普查时勐海县哈尼族人口59712人，占全县总人口的21.39%，是仅次于傣族的第二大民族。僾尼人有悠久的种茶、制茶历史，好饮浓茶香茶，把茶视为神圣之物。僾尼语称茶为"诺博沙"表示虔诚的祭祀，例如祭寨神、祭山神、祭猎神、祭祖宗等都不可缺少茶。在婚姻过程中，男方到女方家去提亲，除了带烟酒之外必须带上茶。女儿出嫁时父母给的陪嫁中也必须有茶，预示将来的日子一定会先苦后甜。在日常生活中，茶更是一日不可或缺的饮品，每当亲朋好友来访时，主人就会双手捧上一杯香茶，表示对客人的热情欢迎，以及美好的祝愿。敬茶时要用双手捧茶，先敬年长者，然后按年龄大小依次敬献。主人奉上的茶，客人一定要喝，哪怕品一小口也是表达对主人的感谢。客人喝茶的过程中主人要及时续水，以免茶水喝干了，显得对客人怠慢。如果加过三道水后客人还继续喝，这时要把泡过三道的茶叶倒掉，放入新茶再沏水。僾尼族饭前饭后都要喝茶，不喝茶就会感到一切都变得没有味道。客人告辞时，主人会送给客人一包最好的茶叶，以示祝福。

1. 土锅茶：僾尼族人喝茶的方式很多，喝土锅茶是僾尼人的特别嗜好，其煎煮方法古老而简便。将盛有山泉水的土锅置于火塘三脚铁架上煮沸后，放进自制的晒青毛茶，煮5~6分钟后，将茶水舀入竹质的茶盅内饮用。土锅茶的茶水金黄明亮、香高覆郁、滋味浓醇、苦后回甘强烈而持久。另一种喝法是待土锅中的水煮沸后放入新鲜茶叶，再不断加水煨煮5～10分钟后倒出来饮用。僾尼族老人几乎都有自己专用的小土锅，能容四百毫升左右的水，圆口圆底，他们习惯边吃饭边喝茶，常说："吃饭时不喝土锅茶不算吃饭，不喝滚烫的茶水吃饭没味道"。

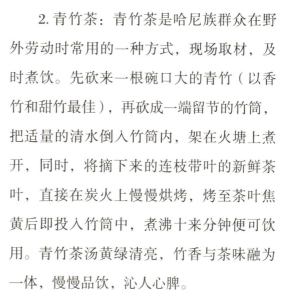

哈尼族煮茶

2. 青竹茶：青竹茶是哈尼族群众在野外劳动时常用的一种方式，现场取材，及时煮饮。先砍来一根碗口大的青竹（以香竹和甜竹最佳），再砍成一端留节的竹筒，把适量的清水倒入竹筒内，架在火塘上煮开，同时，将摘下来的连枝带叶的新鲜茶叶，直接在炭火上慢慢烘烤，烤至茶叶焦黄后即投入竹筒中，煮沸十来分钟便可饮用。青竹茶汤黄绿清亮，竹香与茶味融为一体，慢慢品饮，沁人心脾。

3. 火罐茶：火罐茶又叫土罐茶，是勐海县彝族、僾尼族、拉祜族等民族比较普遍的烹茶习俗，做法大同小异。方法是将晒青毛茶放入一个小土罐中，放在火塘边不停抖动，慢慢烘烤。待罐内的茶叶热香四溢时再注入开水，罐内发出噼噼啪啪的响声，再稍煮片刻即可倒出饮用。火罐茶茶汤黄亮，滋味浓酽，焦香扑鼻，苦后回甘强烈持久，特别提神醒脑。

4. 茶疗：僾尼族在日常生活中经常把茶作为医疗保健品。例如在眼睛感到疲倦时，抓来一大把茶叶置入大茶缸中用沸水浸泡，然后把双眼移至缸口，让氤氲上升的茶汤热气不断熏眼睛，反复数次，眼睛的疲倦和痛感就会减轻。如果长痱子，将茶叶、生姜、葱等用热水浸泡后洗澡，可起到治疗效果。

清朝赵学敏《本草纲目拾遗》记载："普洱茶清香独绝也。醒酒第一，消食化痰，清胃生津，功力犹大也。"居住在勐海南糯山的哈尼族有将普洱茶分量加重煎服，用以治疗细菌性痢疾的习惯。

5.茶歌：僾尼族是一个能歌善舞的民族，他们喜欢烧起火塘，煨上酽茶，围坐在一起，就开始唱民族的创世古歌、迁徙史诗等，其中茶歌也是他们经常唱的，唯一不同的只是茶歌在任何时候都可以唱，但是创世古歌、迁徙史诗则要在正式的场合才可以唱。哈尼族的茶歌一般有"种茶歌""采茶歌""饮茶歌""情茶歌"等。

三、布朗族茶情

布朗族自称"乌""翁拱"，源于古代"濮人"，与佤族、德昂族有族属渊源关系，是最早种茶的民族之一，有"古老茶农"之称。千百年来，布朗族一直珍视种茶的传统，每迁徙到一个地方，一般都会种下茶树，开始新的生活。因此，布朗族寨子的附近，或曾经是布朗族寨子的地方几乎都有古茶树。在布朗山、西定、巴达、打洛等地，最早种茶的均是布朗族。1990年全国人口普查时布朗族人口27749人，占全县总人口的

9.94%，居全县第五位。

布朗族有吃酸茶、喃咪茶、饮青竹茶、土罐茶的习俗。布朗族也将茶叶作为祭品、礼品，甚至姑娘们的陪嫁品。礼佛、建新房、入寨仪式、祝寿、订婚和结婚等，茶叶、酸茶都是布朗人之间表达心意，传递感情的礼品。

1. 酸茶：是布朗族独特的茶产品，制作方法是采摘夏秋茶一芽三、四叶及较嫩的对夹叶，蒸或煮熟后，放在通风处晾7~10天，使其自然发酵后装入较粗长的竹筒内，压实，封口后埋入房前屋后地下干燥处，以土盖实，经两三个月后，筒内茶叶发黄，剖开竹筒，取出茶叶晾干后装入瓦罐中，加香油浸腌，可以直接当菜食用，也可以加蒜或其他配料炒食。布朗族吃酸茶一般早、晚各吃一次，在家中燃起火塘，焖上一锅饭，烧上些辣椒，吃饭时，从竹筒中取出酸茶，放入口中，慢慢咀嚼。酸茶具有解渴、提神、健身和消除疲劳等功效。

2. 喃咪茶："喃咪茶"也就是蘸喃咪吃的茶，类似傣族的喃咪茶，是勐海县打洛等地布朗族以茶当菜的一种吃法，即将新发的茶叶一芽二叶采下，放入开水中稍烫片刻，以减少苦涩味，再蘸喃咪吃。有的甚至不用开水烫，直接将新鲜茶叶蘸喃咪佐餐。

3. 青竹茶：是布朗族在野外劳作时的饮茶方式。在劳动间歇时，

风味独特的烧竹筒茶

布朗人在地头边燃起火堆，将刚砍下的香竹砍成长短不一的竹筒作煮茶和饮茶的器具。长竹筒长30～50厘米，装入清凉的山泉水后放在火堆边烘烤，待水沸腾后放入随身携带的晒青毛茶煮片刻即可分给众人饮用。"青竹茶"通过山泉水将青竹香茶香融为一体，滋味浓醇爽口，颇得野趣。

4. 土罐茶：布朗人还常用"土罐茶"待客。这种"土罐茶"是将晒青毛茶放入一个小土罐中，放在火塘上慢慢烘烤，并不停抖动，使茶叶均匀受热。待罐内的茶叶散发出阵阵热香时注入开水，稍煮片刻即可倒出饮用。"土罐茶"香浓味醇，口感强劲，很有霸气。

5. 烤茶：布朗族人把茶摘回来，用锅炒、手揉、晒干以后，把茶放入小茶罐中，在柴火上烤香，然后放水熬成茶汤来喝，喝了眼睛明亮，头脑清醒。布朗族中流传着这样一句话："上山不带饭可以，不带茶可不行"。

四、拉祜族茶情

拉祜族自称"拉祜""苦聪""目舍""倮黑"，源于古代羌人，与哈尼族、纳西族、景颇族等有族属亲缘关系。后来统一定名为"拉祜族"。"拉祜"其意为火烤虎肉，拉祜族男人擅长狩猎，所以有"打虎民族"之称。勐海县的拉祜族主要聚居于偏僻山区，1990年全国人口大普查时勐海县拉祜族人口36319人，占全县人口的12.98%，居第四位。

拉祜人擅长种茶，也喜欢饮茶。勐海的拉祜人从20世纪60年代中期开始大量种植茶树，茶逐步成了拉祜族群众的生活必需品，每日外出劳作之前，晚上回来之后，饮茶、品茶是他们的生活习惯，更是一大乐趣。他们可以一日不进餐，但不可一日不饮茶，因而拉祜族人常说"不得茶喝头会疼"。拉祜族不仅有很多饮茶习俗，而且其饮茶方法也非常独特。

1. 烧茶：拉祜族习惯烧茶，也叫"烤茶"或"爆冲茶"，拉祜语叫"腊扎夺"，是一种古老的饮茶方法。饮前先将小陶罐置于火塘上烤烫，随即取一把一芽五六叶的茶叶新梢放入罐内抖烤，待茶叶烤成黄色，散发出焦香并伴有爆声时冲水煎熬。烧茶煎好后先倒少许自尝，试其浓度，确认适宜时，注入茶盅请大家一起品饮。"烧茶"色泽清亮橙黄，香气足，口劲强烈，饮后精神倍增，当地居民至今仍保持着用浓茶治病的传统习俗。

2. 糟茶：糟茶是拉祜族一种非常古朴而又简便的饮茶方法。将鲜嫩茶叶采下后，加水在锅中煮至半熟，取出置于竹筒内存放，饮用时，取少许放在开水中再煮片刻，即倒入茶盅饮用。糟茶茶水略苦涩，有酸味，饭后饮用有消食开胃的功能，风味特别。

3. 说亲茶：拉祜族的婚事，在男方请媒人到女方家提亲时要带一两斤草烟，两三斤酒和一包茶叶为礼物。经过一番交谈后，由媒人亲自动手在火塘上煨一壶茶，依次端给姑娘的父母、舅父和叔伯父喝，女方父母如喝了茶，婚事即算确定，如不喝茶则表示拒绝。

五、基诺族茶情

基诺族是云南省人口较少的民族之一,有自己的语言,但是没有文字。他们自称"基诺",意为"舅舅的后代"或"尊敬舅舅的民族",主要聚居于景洪市基诺山基诺族乡,少数散居于基诺乡四邻山区,勐海县的基诺族人口不多,但是其栽培利用茶树的历史已有1700多年,至今还保留有原始的饮茶习俗。

1.凉拌茶:基诺语中被称为"腊爬批皮"。传统的凉拌茶也叫"生水泡生茶",通常是到野外劳作休息时,砍一节粗大的竹筒,横剖两半做容器,再采下新鲜的茶叶,适当揉碎后放入容器中,注入适当的山泉水,加入随身携带的盐、辣椒、大蒜及樟脑尖等佐料,拌匀后即成一道既可以提神解渴,又可以佐餐的"茶菜汤"。吃凉拌茶通常使用竹根制成的勺子,嚼茶喝汤。在基诺族的寨子,也仍然保留有吃"凉拌茶"的习俗。

2.饮老茶:基诺人还有饮"腊卡"的习俗。"腊卡"即老茶。老茶的制作有两种,一种为包烧茶,一种为炒老茶。包烧茶是将茶树的老叶片用芭蕉叶包好,埋入火塘内的炭火灰中,10多分钟后即可取出烧好的茶叶,放入茶壶中煮饮,也可放入茶杯中直接用开水泡饮。包烧茶现烧现饮时汤色黄绿,清香爽口。若烧好后晾干,过几天后再煮(泡)饮,则会变成暗红的汤色,香气稍逊,滋味醇和。炒老茶即将茶树老叶片放入热铁锅中翻炒,稍闷片刻,待叶片半干甚至部分焦黄后再倒入簸箕中,晾干后装入竹箩中备用。锅炒茶通常煮饮,茶汤红浓,微

基诺族凉拌茶

香,滋味醇和,冷却后不变味。基诺人喜爱饮老茶,特别是节庆、婚宴时,在火塘上烧一大锅开水,放入准备好的老茶,再煮 10 分钟左右即可饮用。基诺人饮老茶的茶具也很特别,一类是盛装茶水的大竹筒,竹筒两端带节,上端削一个斜口,节上留一短枝作提手,并打一个 3 厘米左右直径的洞;另一类是饮茶水的小竹筒,也削一个斜口。待锅中的老茶煮好后,先用瓢舀茶水倒入大竹筒中,再提着大竹筒给客人面前的小竹筒中注入茶水。

基诺族尊敬长老,每一个寨子都有一个"卓巴"(寨父),一个"卓生"(寨母)管理寨子的事务。基诺族崇拜太阳,太阳鼓是基诺族的主要法器，从正面看像太阳，鼓身插17根木管，象征太阳的光芒，基诺人的除夕敲太阳鼓，跳太阳舞，据传说能带来吉祥，有独特的以茶祭鼓的习俗。

六、彝族茶情

彝族是我国除汉族以外的第六大民族，有许多自称，也有许多他称。由于居住的地区分布很广，方言不同，主要的他称有黑彝、白彝、红彝、花腰等，云南彝族的自称有"密撒（泼）""腊苏（泼）"等，据考证，彝族的先民与古羌人有密切的关系，民族语言为彝语。他们拥有内涵丰富的文化，创造出了"十月太阳历法"为人类文明做出了不朽的贡献。1990年人口普查时勐海有彝族人6015人，虽然仅占勐海人口的2.16%。彝族人有吃苦耐劳，热情好客的传统风尚，每当客人临门，主人便沏茶、敬烟、热情招待，态度亲切。日常生活喜食酸辣味，喝浓茶、饮白酒。每年农历六月二十四日过火把节，各家都要到田头地脚，摆上米饭、茶、酒、鸡肉，插上香火，献祭天神、地神和五谷。谈婚定亲时男方家要送上烟、酒、糖、茶、肉和衣服等礼物到女方家吃"定亲饭"。

彝族民俗里，多有茶俗贯穿其中。云南彝族人好饮烤罐茶、盐巴茶、油茶、清茶。

1. 烤罐茶：烤茶是我国高山峡谷地区民族的生活必需品，由于气候寒冷干燥，缺乏蔬菜水果，所以彝族人经常以喝浓茶的方法来补充营养，有"每日必饮三次茶"的习俗。烤茶的方法很多，烤罐茶是以普洱茶为原料，放在罐中焙烤到茶叶焦黄酥脆，香气四溢后趁热把茶罐端离火源，先冲入准备好的少许热水，稍待一会儿再冲入开水至满罐，重新放回火上煨煮片刻，即可出汤饮用。烤罐茶色香味俱佳，是彝族人最喜爱的饮料。

彝族茶仙子王定燕

2. 盐巴茶：也是彝族喜爱的日常饮料，制作时先掰下一块当地所产的普洱茶饼，砸碎后放入一个陶质小茶罐内移近火塘烘烤，当听到罐内发出"劈啪"响声并散发出焦香气味时，向罐内缓缓冲入开水，再煨煮五分钟，然后投入适量盐巴晃动几下后将茶罐移离火塘，把浓茶汁分别倒入每个人的碗中，由大家根据各自的口味加开水冲淡后饮用，配吃玉米粑粑之类食品，味道十分可口。

3. 清茶：彝族的清茶，是将清澈的山泉水盛入铜茶壶，置于火塘边煨热，水温增至水面冒气时，倒适量水入煮茶罐，放茶入内，于火塘上烧煮，煮沸后用搅茶棍搅动，渐成金黄色，便用火钳将茶罐取下来，搁置片刻待沸止，经过滤倒入茶杯内即可饮用。

4. 油茶：用茶壶煨煮茶水至沸片刻，用漏筐将茶水滤入茶筒，用勺或竹片将酥油、麻籽酱、蛋清、盐巴等香料放入茶筒内，然后左手握筒，右手来回抽动筒内拉杆，待茶汤和香料均匀后，即可倒入茶杯内饮用。彝族油茶和藏族酥油茶类似，营养丰富，香醇可口，常饮醒脑明目，滋补强身。

七、汉族茶情

汉族在勐海县人口较少。1990年人口普查时勐海县汉族人口39114人，占总人口的14.02%，居第三位。汉族人对茶有非常深厚的感情。不同性别、不同年龄、不同信仰、不同阶层的人，对喝茶的方式有不同的喜好，按照不同的阶层可以把喝茶的方式分为三个层次：喝茶是一种生活；喝茶是一种享受；喝茶是一种修行。

"喝茶是一种生活"，指的是"柴米油盐酱醋茶"，对于这个层次的人而言，喝茶只是人们日常生活的一种基本需求，他们要求茶要经济实惠，要买得起，喝得起，要喝的放心，喝得方便。这个消费群体约占汉族人口的80%左右，市场潜力很大，勐海县茶产业要瞄准这个目标市场投其所好，大力发展安全卫生、丰产优质、品种优良的生态茶园台地茶。要组织人力，针对男女老少的不同爱好，研究推广适合进入现代都市普通家庭，操作简单，方便快捷，富有情趣的普洱茶品饮新方法。

"喝茶是一种享受"，指的是"琴棋书画诗酒茶"，这个

汉族茶情

层次的人已经解决了温饱问题，热衷于追求精神享受，在紧张的工作之余希望能做到"文武之道，一张一弛"，用茶构建自己和家人健康、诗意、时尚的美好生活。这个消费群体约占汉族人口的20%左右，他们有充裕的消费能力和极高的消费热情，消费高端茶产品和茶文化产品。这部分人所占的人口比例不高，但却是茶叶消费的中坚力量，并且有能力引领茶叶消费新潮流。因此勐海茶产业要高度重视这个消费层次的人，为他们开发

真正的名山、名寨、古树茶、大树茶，并以他们为市场导向，大力研发高雅的民俗风情茶艺、时尚创新茶艺，并且打破就茶论茶的传统格局，把茶艺与插花、焚香、挂画、理疗、食疗，以及现代康养相结合，借助他们的力量，把勐海茶推广到全中国、全世界。

"喝茶是一种修行"，真正有这种需求的人少之又少，但是他们一般都有众多弟子和特殊的背景，其能量巨大，影响力不可估量。古人云：山不在高，有仙则灵。勐海县要建设成为"世界茶文化圣地"还真少不了这一类人。

参考资料

1.《勐海县志》云南省勐海县地方志编纂委员会编,云南人民出版社,1997年1月。

2.《西双版纳州茶志》西双版纳傣族自治州人民政府、发展生物产业办公室编,云南人民出版社,2018年12月。

3.《勐海县茶志》勐海县地方志志编纂委员会、勐海县茶叶管理局编,云南人民出版社,2018年9月。

4.《新普洱茶典》杨中跃著,云南科技出版社,2011年3月。

5.《山头茶》林世兴主编,云南科技出版社,2014年3月。

6.《云南普洱茶》木霁弘、胡皓明、凌文锋编著,上海文化出版社,2011年8月。

7.《岁华:寻根古树普洱茶》朱勇著,中信出版集团,2016年3月。

8.《茶的老家勐海》中共勐海县委、勐海县人民政府主编(内部发行)。

致谢

照片提供者:王潇霖、王定燕、李宝儿、赵晓楠、王世倩、陈少燕。另有陪同调研者,在文中均有说明,特此致谢。